QUE DANÇA É ESSA?

CIP-BRASIL. CATALOGAÇÃO NA PUBLICAÇÃO
SINDICATO NACIONAL DOS EDITORES DE LIVROS, RJ

A446q
    Almeida, Fernanda de Souza
      Que dança é essa? : uma proposta para a educação infantil / Fernanda de Souza Almeida. - São Paulo : Summus, 2016.
      il.

    Inclui bibliografia
    ISBN 978-85-323-1038-5

    1. Dança na educação. 2. Prática de ensino. I. Título.

15-27296   CDD:372.86
                                                                                        CDU: 372.86

www.summus.com.br

EDITORA AFILIADA

Compre em lugar de fotocopiar.
Cada real que você dá por um livro recompensa seus autores
e os convida a produzir mais sobre o tema;
incentiva seus editores a encomendar, traduzir e publicar
outras obras sobre o assunto;
e paga aos livreiros por estocar e levar até você livros
para a sua informação e o seu entretenimento.
Cada real que você dá pela fotocópia não autorizada de um livro
financia o crime
e ajuda a matar a produção intelectual de seu país.

Fernanda de Souza Almeida

QUE DANÇA É ESSA?

Uma proposta para a educação infantil

summus editorial

QUE DANÇA É ESSA?
Uma proposta para a educação infantil
Copyright © 2016 by Fernanda de Souza Almeida
Direitos desta edição reservados por Summus Editorial

Editora executiva: **Soraia Bini Cury**
Assistente editorial: **Michelle Neris**
Capa: **Buono Disegno**
Imagem da capa: **Gold Stock Images/Shutterstock**
Projeto gráfico: **Crayon Editorial**
Diagramação: **Santana**
Impressão: **Sumago Gráfica Editorial**

Summus Editorial
Departamento editorial
Rua Itapicuru, 613 – 7º andar
05006-000 – São Paulo – SP
Fone: (11) 3872-3322
Fax: (11) 3872-7476
http://www.summus.com.br
e-mail: summus@summus.com.br

Atendimento ao consumidor
Summus Editorial
Fone: (11) 3865-9890

Vendas por atacado
Fone: (11) 3873-8638
Fax: (11) 3872-7476
e-mail: vendas@summus.com.br

Impresso no Brasil

Agradecimentos

Este livro foi inspirado na dissertação de mestrado em Artes homônima desenvolvida no Instituto de Artes da Unesp. Ele é fruto de uma caminhada ao lado de pessoas, instituições e grupos que me apoiaram e me orientaram em sua elaboração.

Agradeço a todos, em especial aos meus pais pela força do seu amor, fé e dedicação; ao meu irmão pelo carinho e alegria; e a toda a minha família por me acolher e me nutrir de sonhos.

Ao meu esposo Rodrigo pelo companheirismo, compreensão e paciência.

À minha orientadora profª. dra. Kathya Godoy pela atenção, respeito e incentivo.

Aos colegas do Grupo de Pesquisa Dança: Estética e Educação (GPDEE). Ao lado de vocês o caminho se tornou mais belo e suave.

Às professoras dras. Luiza Helena da Silva Christov e Alba Pedreira Vieira pela generosidade, disponibilidade e grande contribuição para o refinamento da investigação de mestrado e ampliação de possibilidades para novos horizontes.

À equipe da Escola Municipal de Educação Infantil (EMEI), onde desenvolvi minha pesquisa, por confiar no meu trabalho.

Aos meus queridos colegas de trabalho de todas as instituições em que lecionei.

À Capes pelo financiamento do mestrado.

Ao Instituto de Artes da Unesp.

Aos pais e crianças que participaram dos projetos-piloto de dança pelo carinho e credibilidade dados à proposta.

E, para finalizar, um fundamental obrigada a todas as crianças que compartilharam comigo o brilho no olhar e me levaram a voar com suas asas pequeninas.

A eterna novidade do mundo

O meu olhar é nítido como um girassol.
Tenho o costume de andar pelas estradas
Olhando para a direita e para a esquerda,
E de vez em quando olhando para trás...
E o que vejo a cada momento
É aquilo que nunca antes eu tinha visto,
E eu sei dar por isso muito bem...
Sei ter o pasmo essencial
Que tem uma criança se, ao nascer,
Reparasse que nascera deveras...
Sinto-me nascido a cada momento
Para a eterna novidade do mundo...
Creio no mundo como num malmequer,
Porque o vejo. Mas não penso nele
Porque pensar é não compreender...
O mundo não se fez para pensarmos nele
(Pensar é estar doente dos olhos)
Mas para olharmos para ele e estarmos de acordo...
Eu não tenho filosofia, tenho sentidos...
Se falo na Natureza, não é porque saiba o que ela é,
Mas porque a amo, e amo-a por isso,
Porque quem ama nunca sabe o que ama
Nem sabe porque ama, nem o que é amar...
Amar é a eterna inocência,
E a única inocência é não pensar...

(Alberto Caeiro, em O guardador de rebanhos, 1914)

Sumário

Prefácio **11**

Apresentação – O caminhar desta vida **15**

1 Chão de terra batida: caminhos já percorridos **25**

2 Encontro com a eterna novidade:
a criança pequena **37**

3 Um labirinto de escolhas: estratégias da dança **57**

4 Trajetórias do corpo no espaço **77**

5 Planejando a ação: a práxis educativa em dança **105**

6 Abrindo portas **131**

Referências bibliográficas **137**

Prefácio

Professores da educação infantil, por vezes, se encontram desprovidos de formação adequada na área da dança, apresentando, assim, uma falta de segurança ao trabalhar o corpo e o movimento no contexto escolar. É comum, ainda nos dias de hoje, abordarem a dança meramente como um recurso para conter a indisciplina, acalmar os alunos, como recreação ou atividade vinculada ao calendário das festas escolares, com o ensino de "passos de dança", a preocupação de mostrar e demonstrar algum resultado/produto em detrimento do processo de artístico e educacional.

O livro *Que dança é essa? – Uma proposta para a educação infantil*, da educadora e mestre em Artes Fernanda de Souza Almeida, aplica-se no centro dessa discussão, apresentando reflexões e propostas práticas para a inserção da dança nas escolas de educação infantil, uma vez que se nota uma lacuna na formação docente nessa área de conhecimento.

Com vasta experiência como professora da educação básica, especialmente em dança para crianças em escolas da cidade de São Paulo, a autora organiza e apresenta os procedimentos de seu trabalho com a educação infantil, além de diversas vivências e dicas para o professor no seu dia a dia em sala de aula.

Fruto de uma dissertação de mestrado fundamentada a partir da prática de ensino da autora, o livro nos apresenta duas possibilidades principais de leitura: uma que revela a trajetória do reconhecimento da dança como área de conhecimento a ser mediada na escola, compreendendo a importância dessa linguagem artística no cotidiano da educação infantil, e outra que revela a práxis educativa em dança, com estratégias para a mediação dessa linguagem na escola, elencando o jogo infantil, a improvisação e a interação como fundamentos principais.

Em diálogo com outros autores, perfaz-se uma reflexão autoral não somente das ações pedagógicas, mas também da importância de se repensar essas ações desde os espaços de formação docente até a docência nas escolas de educação infantil, propondo a (re)construção constante de possibilidades, revelando que as propostas de dança com crianças no ambiente escolar podem ser um processo reinventado.

Como professores de dança, necessitamos o tempo inteiro de um estado de atenção e escuta a nós mesmos para assim podermos escutar os pequenos. A criança necessita primordialmente do olhar do professor, do modo como ele se relaciona com ela, como aborda as propostas e faz suas observações. Tudo isso não deixa de ser um diálogo do corpo em movimento imantado de um pensamento de dança.

O livro aponta, também, para um fértil assunto do campo aqui em questão: "que dança é essa?" Livre de modelos preestabelecidos, com ênfase no processo tradicional de sequências a ser repetidas mecanicamente, Fernanda de Souza Almeida apresenta uma proposta para favorecer a dança na infância que possibilita a descoberta do próprio corpo em relação ao espaço e ao outro, permitindo e respeitando a troca de experiências no ambiente escolar.

Que dança é essa? é leitura importante para estudantes, profissionais da educação infantil e outros mestres e pesquisadores.

JUSSARA MILLER
Bailarina, coreógrafa e educadora somática,
diretora e professora do Salão do Movimento,
situado em Campinas (SP). Autora dos livros
A escuta do corpo (Summus, 2007) e *Qual é o
corpo que dança?* (Summus, 2012).

Apresentação
O caminhar desta vida

> Caminhante, não há caminho.
> O caminho se faz ao caminhar.
> (Antônio Machado)

O despertar para a organização deste livro derivou do desenvolvimento da minha pesquisa de mestrado e das diversas reflexões que permearam o meu caminhar como professora de dança na educação infantil.

Lembro-me do meu primeiro ano de docência, no qual lecionei balé clássico para crianças de 6 anos de idade da antiga pré--escola (atualmente primeiro ano do ensino fundamental). Não foi fácil, pois aquela turma tinha uma peculiaridade: era constituída de crianças que ficavam o dia todo na escola – o atual e tão procurado período integral. Viviam repletas de lições e chegavam às aulas de dança agitadas, ansiosas e falantes. Toda proposta de vivência era um pretexto para iniciar um "pega-pega". Hoje, olhando para trás, vejo que eram crianças se expressando, dizendo-me que precisavam se movimentar, explorar o corpo, descobrir o mundo, e que, acima de tudo, estavam cansadas de ficar muito tempo sentadas.

Inexperiente, não conseguia ver por esse ângulo. Algumas questões me acompanharam durante os primeiro meses: como mediar esses momentos? O que oferecer a crianças dessa idade? Imersa em tais dúvidas, entrei em contato com os estudos de Fábio Brotto e me extasiei em seu mar de ideias. Deparei com um território onde, se o importante era competir, o fundamental era cooperar! E, em meio a "re-uniões" e "com-tatos", conheci uma "comum-unidade" na qual nenhum de nós era tão bom e inteligente quanto todos nós (Ferguson *apud* Brotto, 2003).

Comecei a me interessar pela educação e a entender que toda atividade realizada na escola, mesmo no período complementar, precisa ser planejada, organizada e estar repleta de ações intencionais por parte do professor para ampliar a perspectiva de mundo das crianças. As vivências necessitam oferecer oportunidades aos pequenos e respeitar as características da faixa etária na qual se propõem a atuar, sem exclusões ou cobranças técnicas exageradas; enfim, necessitam apresentar uma visão diferenciada.

Embalada em compreender melhor a idade com a qual trabalhava, busquei os estudos em psicomotricidade[1] e, sob essa luz, ultrapassei o entendimento de uma evolução motora do ser humano; aprendi sobre o desenvolvimento da pessoa completa em sua íntima relação entre os aspectos motor, afetivo, social e cognitivo. Estudei as relações entre as bases psicomotoras e a aprendizagem e encontrei em autores como Henri Wallon, Vitor da Fonseca e Jean Le Boulch a afirmação de que o corpo não é um dado dispensável no processo educacional. Pelo contrário, o corpo é um meio de interação e exploração dos objetos, do entorno, do outro e de si; até

---

1. Ciência da saúde e da educação originada na França, em 1909, com Dupré como um dos seus precursores, ao introduzir os primeiros estudos sobre a estreita relação que existia entre as debilidades motoras e as anomalias psíquicas.

porque é por meio do movimento que as crianças interagem com o mundo e com as pessoas, se expressam, se comunicam, experimentam, criam e descobrem. Tais ações podem produzir conhecimentos como preferências de movimentos, noções de tamanho, peso, distância e forma, a dinâmica da sociedade em que estão inseridos, entre outros. Dessa maneira, o corpo não pode ser abandonado à passividade, principalmente na escola.

No referido momento, a paisagem do caminho estava repleta de sorrisos, alegria, cor e vivacidade da infância. As vivências de balé passaram a ter uma forte preocupação com a ludicidade, a criatividade, a expressividade, a socialização e o desenvolvimento psicomotor.

Com o intuito de ampliar meus conhecimentos na área da dança, aprofundei-me nas teorias de Rudolf Laban, um amante e estudioso das múltiplas e diversas manifestações do movimento. Laban estudou pintura, escultura, arquitetura e balé clássico e, inspirado nos princípios de harmonia formulados por Platão e Pitágoras, nos conceitos geométricos e na escala musical, definiu e denominou o principal elemento da dança: *o movimento* (Guimarães, 2006). Identificou nele seis qualidades: leveza, resistência, subitaneidade, sustentação, foco e difusão; chegando, assim, aos quatro componentes ou fatores do movimento: fluência, espaço, peso e tempo.

Sua teoria, a Arte do Movimento, não era apenas uma arquitetura viva do ato motor; ao contrário, sua proposta objetivava o conhecimento profundo das articulações, sensações e possibilidades de se movimentar para um corpo mais expressivo, criativo e comunicativo. Para isso, considerou importante incentivar a criação de uma dança pessoal por meio de improvisações temáticas.

Petrella (2006) reforça que Laban buscou no movimento e na dança uma forma de fazer que o sujeito tivesse outra relação com o corpo e, assim, direcionou seu trabalho para as contribuições educacionais que essa linguagem artística poderia apresentar. Seus estudos de dança voltados à educação são expressos no livro *Modern educational dance* (Dança educativa moderna). Originalmente publicada em 1948, a obra é indicada a pais e professores e sugere oportunizar a dança com base nos princípios de experimentação dos quatro fatores do movimento. Essa vivência possibilitaria aos jovens expressar seu "eu", explorar as noções espaciais e rítmicas e criar seus gestos na qualidade de dança, sem padrões de movimento ou de corpo.

Relacionei meus conhecimentos em desenvolvimento psicomotor com os estudos de Laban e, nesse percurso, mais uma vez, a didática do balé foi modificada. Vivências com os fatores do movimento e improvisações foram acrescidas, e a experiência foi tão satisfatória que desejei trabalhar apenas com a dança inspirada nessa teoria. Com isso, estudei autores brasileiros, como Isabel Marques, Lenira Rengel, Kathya Godoy, Alba Vieira e Marcia Strazzacappa, que repensaram as teorias de Laban e trouxeram contribuições contemporâneas para o seu ensino no contexto educacional atual, dialogando com o lúdico, o jogo, a integração das quatro linguagens artísticas[2], a história e a sociedade.

Nesse contexto, passei então a refletir sobre a educação e as especificidades da criança de educação infantil para a adequação das proposições em dança com pequenos. Com isso, eu me dispus a cursar a graduação em licenciatura plena em Pedagogia.

---

2. Artes visuais, música, teatro e dança.

Nesse curso, entrei em contato, entre outras questões, com as políticas públicas em prol da educação infantil. Foi possível destacar a Constituição da República Federativa do Brasil de 1988, a Lei de Diretrizes e Bases da Educação Nacional nº 9394, de 1996, e o Estatuto da Criança e do Adolescente como contribuintes legais para o reconhecimento e a valorização, em âmbito nacional, da criança pequena como cidadã e do período destinado à sua educação.

Apesar disso, Nascimento (2007) afirma que a educação infantil é uma área de conhecimento em construção, com especificidade ainda pouco reconhecida. O autor apresenta a necessidade da ampliação de estudos para esse período, fato para o qual este livro procura contribuir.

Para a compreensão das características e necessidades da faixa etária, revisitei as investigações de Henri Wallon e os estudos de seus atualizadores/interlocutores brasileiros: Dantas (1992), Galvão (1995) e Mahoney e Almeida (2009).

O psicólogo estudou a origem dos processos mentais do sujeito, concebendo o desenvolvimento como um processo nunca acabado, que aceita regressões, avanços, saltos, contradições e conflitos (Mahoney; Almeida, 2009). Wallon também descreveu e explicou as mudanças ocorridas no crescimento com uma perspectiva integrada, abrangente e dialética. Para ele, a fase entre 3 e 6 anos, nomeada personalismo, é como um período de construção de si como um ser diferente dos outros; um processo de discriminação entre o eu e o outro. A criança dessa idade necessita, ao mesmo tempo, se opor ao outro, expulsando-o de si; e "seduzir" e imitar, para assimilá-lo e reelaborar sua personalidade única e total (Mahoney; Almeida, 2009). Nesse processo, a consciência corporal e a vivência de movimentos são fatores que permearão o desenvolvimento e o conhecimento de si, não só quando criança como ao longo da vida.

Wallon (1975) explica que as ações cotidianas da criança de andar, correr, saltar, girar são atividades dinâmicas ligadas à necessidade de experimentar o corpo para o domínio dos movimentos e a construção da autonomia. Para o autor, as ações corporais são molas propulsoras de reconhecimento e apreensão do mundo pelas crianças. Nesse aspecto, a dança, como uma linguagem artística expressa por meio de movimentos, pode utilizar-se de tais ações corporais, possibilitando ao sujeito sentir-se, perceber-se, conhecer-se e manifestar-se, contribuindo para a ampliação das experiências pessoais e da perspectiva de mundo. É nessa ótica que Godoy defende a sua importância na escola, levando a criança a compreender sua capacidade de movimento e

> entender melhor como seu corpo funciona, para que possa usá-lo expressivamente com inteligência, autonomia, responsabilidade e sensibilidade. Essa linguagem é uma forma de integração e expressão individual e coletiva, em que o aluno exercita a atenção, a percepção, a colaboração e a solidariedade. Como atividade lúdica permite a experimentação e criação no exercício da espontaneidade. (Godoy, 2007, p. 7)

A dança na escola pode dar subsídios ao aluno para melhor compreender, desvelar, desconstruir, revelar e transformar as relações que se estabelecem entre corpo, arte e sociedade, de forma a contribuir para que os alunos tomem consciência de suas potencialidades, aumentando sua capacidade de resposta e sua habilidade de comunicação. Seu objetivo englobaria a sensibilização e a conscientização tanto nas posturas, nas atitudes, nos gestos e nas ações cotidianas, quanto em suas necessidades de se expressar, comunicar, criar, compartilhar, interagir na sociedade em que vivemos. (Godoy; Antunes, 2010, p. 39)

Que dança é essa?

Desse modo, penso ser fundamental a presença da dança no ambiente educacional, principalmente na educação infantil, alicerce da vida. Mas não me refiro a qualquer dança. Uma dança que respeite ritmos, desejos e características do pensamento infantil; englobe o movimento expressivo; permita trocar experiências com o outro, destacando-se como elemento transformador; ofereça oportunidades para a criança ampliar suas perspectivas sobre si e sobre o meio em que está imersa; e possibilite a descoberta do próprio corpo, da própria dança e o alargamento das experiências motoras, pois o movimento humano, muito mais do que uma ação corporal, é o diálogo que o sujeito estabelece com o mundo e sempre intencional e carregado de sentidos e significados.

Nesse sentido, Godoy (2010) assegura que a escola tem se encontrado desprovida de propostas que contemplem, ampliem, fortaleçam e implementem essa linguagem artística. Vivenciando o ambiente escolar, é perceptível a falta de segurança por parte de alguns profissionais da educação infantil em trabalhar com ela. Lima (2009) revela que, ao participar de um projeto que buscava refletir e compreender como a dança estava sendo desenvolvida nas escolas da rede municipal de ensino de São José, em Santa Catarina, pôde verificar que as concepções desta eram (e são) muito reduzidas:

> [...] ou seja, os conteúdos e metodologias estavam, quase sempre, direcionados ao simples repasse de informações, seguindo um modelo tradicional de organização das aulas, onde o conhecimento está centralizado no(a) professor(a). Este cenário limitado de compreensão e significação das possibilidades que a dança pode trazer para a educação e para a formação das pessoas que dançam nos mostra a necessidade de

realizar mais estudos na área da dança educativa, nos diversos níveis de ensino, no sentido de contribuirmos, cada vez mais, para o saber e o fazer dos profissionais que trabalham com esta linguagem artística numa perspectiva educativa. (Lima, 2009, p. 17)

Outro ponto que revela a indispensável ampliação de produções bibliográficas que envolvam a dança para a criança situa-se nas próprias necessidades de ampliação dos conhecimentos em educação infantil, uma construção relativamente recente da nossa sociedade. Oliveira (2010) afirma que proposições pedagógicas de qualidade e alternativas práticas cotidianas desenvolvidas com as crianças são imprescindíveis e, uma vez que a dança integrou o documento Referencial Curricular Nacional para a Educação Infantil, essa necessidade se estendeu para essa linguagem.

Nessa conjuntura, identifiquei a urgência de uma pesquisa que contribuísse com a prática educativa da dança na educação infantil, uma vez que Godoy (2007) afirma que o espaço da dança na escola existe, é real e necessário, mas precisa ser efetivado.

Dessa forma, este livro releva os pressupostos e elementos da dança na educação infantil e as estratégias para o trabalho do professor, acrescidos de sugestão de vivências, músicas, organizações de sequências didáticas e trocas de experiências.

A obra se desvelou em seis capítulos. O Capítulo 1, "Chão de terra batida: caminhos já percorridos", apresenta a educação infantil, sua história, objetivos, leis que a garantem, documentos e parâmetros sugeridos pelo Ministério da Educação e Cultura. Seu objetivo foi revelar a trajetória do reconhecimento da dança como área de conhecimento a ser mediada na escola, compreendendo a importância dessa linguagem artística como uma experiência na educação infantil.

Que dança é essa?

O Capítulo 2, "Encontro com a eterna novidade: a criança pequena", reflete sobre quem é a criança de educação infantil e suas características de desenvolvimento por meio dos estudos de autores como Henri Wallon e Vitor da Fonseca. Tais estudos alicerçaram os pressupostos da dança aos pequenos: sujeito socioistoricocultural, linguagem artística, noção do corpo, estruturação espacial e diferenciação eu-outro.

Já o Capítulo 3, "Um labirinto de escolhas: estratégias da dança", revela possíveis estratégias para a mediação dessa linguagem artística na educação infantil, elencando o jogo infantil, a improvisação e a interação como fundamentos em potencial.

O Capítulo 4, "Trajetórias do corpo no espaço", procura identificar uma possibilidade de dança que dialogue com as necessidades das crianças pequenas discutidas nos capítulos anteriores, apresentando seus quatro elementos constituintes: corpo, movimento expressivo, espaço e ritmo, inspirados nos estudos de Rudolf Laban, Dalcroze, Kathya Godoy, Isabel Marques e Lenira Rengel.

O Capítulo 5, "Planejando a ação: a práxis educativa em dança", revela a aplicação dos pressupostos, estratégias e elementos da dança elencados em campo; a organização dos encontros dançantes com as crianças e como eles foram pensados; as modificações no cronograma e nas sequências didáticas solicitadas por situações do cotidiano; e, por fim, a importância do registro para a construção do conhecimento docente e da sua prática educativa.

Finalizando, o Capítulo 6, "Abrindo portas", expõe algumas considerações e os aprendizados adquiridos ao longo da jornada, almejando estimular que tantos outros professores possam pesquisar sobre sua práxis ou desenvolver outros tipos de experiências em dança utilizando os princípios metodológicos apontados. Espera-se que este material contribua com a prática educativa dos professores de dança na educação infantil e/ou incentive a inserção dessa linguagem artística no contexto escolar dos pequenos.

1
Chão de terra batida: caminhos já percorridos

> [...] o seu destino não é o passado cristalizado em saber, mas um futuro que se abre como vazio.
>
> (Rubem Alves)

Voltar aos rastros do passado sobre os caminhos já percorridos torna-se necessário para a compreensão do tempo presente e a projeção do futuro. É o que Ana Mae Barbosa proferiu em uma palestra no Instituto de Artes da Unesp (SP) em 2011: "Devemos puxar o estilingue para trás, para então soltá-lo e ver a pedra voar longe".

Entretanto, sempre que voltamos ao passado, fazemo-no com olhos do presente, com nossas referências e concepções de mundo do "agora" (Fenelon, 1997). Ressignificamos e nos reapropriamos de vivências anteriores com indagações atuais "para que as histórias não sejam vazios homogêneos, períodos estanques, datas distantes ou fatos sem sentido" (Marques, 2010, p. 60).

E, seguindo os conselhos de Rubem Alves, esta será a tônica deste capítulo: uma viagem no tempo, algumas vezes não linear, sobre a trajetória do reconhecimento da dança como área de conhecimento a ser mediada na escola, principalmente na educação infantil; para, então, olharmos o vazio à nossa frente e podermos construir projetos contemporâneos significativos com as asas do pensamento, almejando a valorização e efetivação dessa linguagem na primeira etapa da educação.

LADRILHOS DA DANÇA NA EDUCAÇÃO INFANTIL: PEDRINHAS DA HISTÓRIA

A Lei de Diretrizes e Bases da Educação Nacional (LDB nº 9394/96) representou um marco judicial de valorização da educação escolar brasileira em todos os níveis. Ela deflagrou um movimento de expansão e fortalecimento da educação infantil, da arte e da dança como áreas de conhecimento necessárias à educação.

A lei nomeou como "educação infantil" o período que abrange o ensino e o cuidado de crianças de até 6 anos[3] de idade, colocando-o como primeira etapa da educação básica. Tal ação contribuiu para o reconhecimento de que a educação se inicia nos primeiros anos de vida. Os artigos 29, 30 e 31 tratam exclusivamente dos objetivos, idades, regras e avaliação nesse período, estabelecendo como finalidade o pleno desenvolvimento integral da criança pequena em seus aspectos físico, psicológico, intelectual e social, complementando a ação da família e da comunidade.

Anteriormente à LDB, um importante passo em prol da educação infantil já havia sido dado pela Constituição da Repú-

---

3. Com a ementa constitucional nº 11.274 de 6 de fevereiro de 2006, a educação da criança de 6 anos de idade tornou-se responsabilidade do ensino fundamental, passando a educação infantil a atender crianças de até 5 anos.

blica Federativa do Brasil de 1988. Pela primeira vez em uma constituição foi assegurado, como dever do Estado, o direito ao atendimento gratuito à criança de até 6 anos em creches e pré-escolas.

Palhares e Martinez (2007) revelam que, antes da atual LDB, o atendimento à educação infantil apresentava deficiências. Uma delas situava-se na ausência de propostas pedagógicas de qualidade, as quais, a partir da lei, começaram a se desenvolver.

Parte dos estudos brasileiros sobre a educação infantil afirma que outro marco importante que a lei trouxe para a educação das crianças foi o reconhecimento desse período como primeira etapa da educação básica, modificando o enfoque assistencialista das creches e pré-escolas e passando a integrá-las nas políticas de educação. Entretanto, Kuhlmann Jr. (1998) contesta a interpretação de que essas instituições não teriam sido educacionais desde a sua origem, uma vez que muitas foram influenciadas pelas teorias de Frobel[4] sobre o "jardim de infância". Além disso, as instituições que nasceram sob a marca exclusiva do cuidar, de uma forma ou de outra, também educavam, "não para a emancipação, mas para a subordinação" (Kuhlmann Jr., 1998, p. 73).

Embora não possamos desconsiderar todo o movimento em prol da educação infantil como área de conhecimento e todas as conquistas legais obtidas nas últimas décadas, noto que ainda há muito que fazer, estudar e pesquisar, principalmente em relação às proposições que podem ser mediadas nessa fase.

---

4. Friedrich Froebel: educador, pensador alemão e discípulo de Pestalozzi. Criou e dirigiu o primeiro jardim de infância pensando em uma instituição que levasse em conta as especificidades das crianças menores de 7 anos. Suas propostas passaram a ser referência em vários países, sendo tidas como precursoras da Escola Nova.

Em relação à arte, a LDB traz no artigo 26 a obrigatoriedade do seu ensino nos diversos níveis da educação básica, de forma a promover o desenvolvimento cultural dos estudantes. O artigo não menciona a dança; entretanto, o Projeto de Lei do Senado nº 337, de 2006, que foi aprovado pela Câmara dos Deputados em 2013, solicita a alteração dos parágrafos 2º e 6º desse artigo para instituir, como conteúdo obrigatório no ensino de Artes, a música, as artes plásticas e as artes cênicas (teatro e dança) em todas as etapas e modalidades da educação básica. Se a proposta for aprovada pela Comissão de Constituição e Justiça e de Cidadania e virar lei, as escolas terão cinco anos para se adaptarem ao novo currículo.

Mas, apesar de essa conquista ainda não ter sido concluída, os documentos nacionais produzidos a partir do atual artigo 26 já introduzem a dança como uma das linguagens artísticas a ser propostas na escola. Entre esses documentos podemos destacar os Parâmetros Curriculares Nacionais (PCNs, de 1997) para o ensino fundamental e o Referencial Curricular Nacional para a Educação Infantil (RCNEI, de 1998).

A inserção da dança nos PCNs garantiu, na cidade de São Paulo, o reconhecimento dessa linguagem artística como área de conhecimento pertinente ao ambiente escolar – um processo de valorização que busca ser consolidado. O documento caracteriza a dança como expressão e comunicação humana, manifestação coletiva, produto cultural e apreciação estética que, se trabalhada em sua totalidade, pode desenvolver no educando a compreensão do seu corpo, a capacidade de movimento e o potencial expressivo e comunicativo ao se relacionar com os outros (Brasil, 1998).

Que dança é essa?

Além disso, os PCNs de arte defendem a inclusão da dança na escola alegando que ela pode ampliar o repertório motor, favorecer o autoconhecimento e explorar a criatividade, despertando a possibilidade de utilização corporal com maior inteligência, autonomia, responsabilidade e sensibilidade.

Essa linguagem, além de ser reconhecida nos PCNs, é também contemplada no Referencial Curricular Nacional para a Educação Infantil (RCNEI). Ele foi concebido de maneira a estimular a reflexão de cunho educacional sobre objetivos, conhecimentos e orientações didáticas aos profissionais que atuam diretamente com crianças de até 6 anos. Seus três volumes unem o cuidado no aprendizado dos pequenos em textos sobre eixos e temas que podem ser oferecidos nessa etapa. A dança está inserida no volume 3, "Conhecimento de mundo", como umas das manifestações da cultura corporal da criança, intimamente associada ao desenvolvimento das capacidades expressivas do movimento. Nesse contexto, a dança é revelada como cultura presente no universo infantil, ponto significativo para reafirmá-la no ambiente escolar para os pequenos.

Estimulados pela publicação de tais referências, estados e municípios elaboraram suas próprias indicações. No nível municipal paulistano, destaca-se "Orientações curriculares: expectativas de aprendizagem e orientações didáticas para a educação infantil", de 2007, um único volume, dividido em cinco partes, com objetivos próximos aos do RCNEI. O documento paulistano organiza as propostas para a educação infantil em sete campos de experiências:
- conhecimento e cuidado de si, do outro e do ambiente;
- brincar e imaginar;
- exploração da linguagem corporal;
- exploração da linguagem verbal;

- exploração da natureza e da cultura;
- apropriação do conhecimento matemático;
- expressividade das linguagens artísticas.

O campo que se refere à experiência de "exploração da linguagem corporal" resgata a importância do conhecimento do corpo pela criança e destaca o movimento como elemento próprio da faixa etária, alertando o professor a respeitá-lo e valorizá-lo. Segundo o documento,

> a dança recria os movimentos, sensibilizando a criança para o valor expressivo dos seus gestos. É também uma importante fonte de prazer, autoconhecimento e sociabilidade, promovendo a construção de novas possibilidades expressivas e o aperfeiçoamento dos gestos, uma vez trabalhados de modo intencional na dança. Por meio dela, a criança enriquece seu potencial expressivo conforme aprende a explorar movimentos leves ou fortes, rápidos ou lentos, percorrendo diferentes áreas do espaço, sozinha ou interagindo com parceiros a partir de uma música, imagem ou outro estímulo. Ela pode, progressivamente, utilizar o corpo como fonte de investigação criativa do mundo e de si mesma, de suas ideias e emoções, explorando as formas de expressão corporal presentes no seu grupo social e em outros grupos. (São Paulo, 2007, p. 63)

A presença da dança nos três documentos citados foi um grande passo no seu reconhecimento e valorização no ambiente educacional formal na cidade de São Paulo. Essa iniciativa abriu a possibilidade a muitas crianças e adolescentes de entrar em contato com essa linguagem e seus benefícios motores, afetivos, cognitivos, culturais e sociais. Além disso, sua inserção na rotina escolar pode favorecer a educação da sensibilidade e da criatividade, contribuir para a consciência corporal e interação social e oferecer acesso aos bens culturais – conhecimentos relevantes para que as crianças possam desenvolver a autoestima, a autonomia, o respeito mútuo e a cooperação, fomentando uma inserção dinâmica nos vários contextos sociais e ampliando sua perspectiva de mundo.

Entretanto, em uma análise atenciosa, percebo que os PCNs de arte trazem a caracterização da área de dança, sugerem objetivos e conteúdos, ou seja, tratam-na como um conhecimento específico e singular dentro da escola. Já os dois documentos redigidos para a educação infantil trazem a palavra dança em diversos momentos do texto e sempre como uma possibilidade, um meio para exploração do movimento corporal e/ou da expressão e comunicação humana; um fazer. Não há um destaque específico como área de conhecimento, com objetivos e estratégias próprios para essa primeira etapa da educação. Dessa forma, visualizo a necessidade da elaboração de documentos orientadores específicos que auxiliem o professor na articulação dos conhecimentos de corpo, movimentos e sua transposição para a dança.

Todas essas modificações e tantas outras que estão emergindo impulsionadas pelas necessidades dos ambientes educacionais e proposições do Ministério da Educação (MEC) como a Base Nacional Comum Curricular foram incentivadas e, ao mesmo tempo, incentivaram o comprometimento das universidades com a formação de professores e a produção de pesquisas acadêmicas na área da dança. Muitas graduações, especializações, congressos, simpósios, fóruns, associações e grupos de pesquisas estão sendo realizados com o objetivo de contribuir para a valorização, legitimação e ampliação da produção do conhecimento em dança, arte e cultura, almejando mudanças efetivas na formação do profissional que atua em tais esferas.

> **DICA:** caso queira acessar pesquisas em dança e/ou esteja elaborando algum trabalho acadêmico, sugiro dois sites que aglutinam muitos artigos, não só sobre essa linguagem artística na educação, mas também sobre suas relações com a estética, história, política e cultura:
> - Anda (Associação Nacional de Pesquisadores em Dança): <http://www.portalanda.org.br>
> - CooperacDANÇA (rede de cooperação acadêmica, artística e cultural): <http://www.cooperacdanca.org>

Nestes últimos anos tenho participado de alguns eventos científicos, fóruns, palestras e mesas de debate e percebi que os professores que atuam na educação infantil – pedagogos, profissionais de educação física, educadores artísticos ou de dança – estão buscando informações sobre a dança para/com as crianças pequenas; muitos introduziram ou almejam inseri-la em suas práticas pedagógicas, e esse movimento tem gerado algumas dúvidas sobre como experienciá-la na escola.

Algumas perguntas se referem às apresentações de "final de ano" ou em datas comemorativas, pois ainda impera o discurso reducionista da dança para educação infantil apenas como preparação de coreografias para festividades, nas quais as crianças se vestem de flores ou bichos e repetem uma sequência de movimentos diversas vezes para agradar aos pais e diretores. Muitas vezes, essas coreografias traduzem em gestos as palavras da música e estão descontextualizadas do universo infantil. A criança não compreende o que e por que está fazendo aquilo.

Em relação a essa questão, recorri à compreensão da dança como uma linguagem artística. Aranha e Martins (1993) explicam que linguagem é um sistema simbólico, um conjunto de signos aceitos por um grupo social, que possibilita a comunicação entre seus integrantes; e signo é uma coisa que substitui outra, em algum aspecto e em alguma medida, representando-a para alguém.

Os signos possuem valor representativo quando são validados por parte do grupo que os utiliza. Com isso, o mesmo gesto pode ter interpretações diferentes, dependendo da época e do local. "Precisamente por ser um sistema de signos, toda linguagem possui um repertório, ou seja, uma relação dos signos que vão compô-la" (Aranha; Martins, 1993, p. 63). Cada uma possui particularidades em seus elementos constituintes, regras de combinações e formas de interpretações. A linguagem artística, por exemplo, muitas vezes se utiliza de construções metafóricas, subjetivas, sensíveis e, às vezes, sutis, podendo recorrer ao imprevisto e ao impensado.

Na abordagem walloniana, a linguagem é base para a capacidade de representar o mundo no âmbito mental exclusivamente por meio de símbolos, estimulando o desenvolvimento das funções cognitivas. O signo substitui o objeto ou a ação concreta, alterando a percepção, o registro na memória e a capacidade de comparação e de prestar atenção. Dessa forma, a construção da linguagem é importante para os processos de cognição, principalmente na fase da educação infantil, momento em que a criança está entrando em contato com o seu entorno.

A dança é um tipo de linguagem artística, é um sistema de signos que permite a comunicação por meio do corpo e do movimento. Isso significa que ela possui um conjunto organizado de elementos com possibilidades de combinação que produzem significado. Segundo Isabel Marques (2010, p. 36), "a coreografia é uma possível ordenação potencialmente estética de um conjunto de signos" de determinado estilo de dança que produz significado.

Nesse aspecto, Gonçalves (2010) compara a linguagem da dança com um caleidoscópio, no qual os seus elementos – saltos, giros, torções, deslocamentos, entre outros:

> [...] são peças de diferentes cores e formatos que, juntas, podem combinar-se em uma infinidade de arranjos, cada qual inusitado a produzir singularidades", as peças também podem ser trocadas, a cada aula, a cada montagem de espetáculo, [...] a cada situação de aprendizagem, ampliando ainda mais as possibilidades de novas experiências, novos encontros de corpos que irão embaralhar os códigos, desmontá-los e dar-lhes sentidos. (2010. p. 3-4)

Nesse contexto, pensar as apresentações de dança na educação infantil é refletir sobre o papel comunicativo e simbólico que elas possuem, conhecendo e relacionando seus signos. É importante evitar a transposição da letra da música em gestos estereotipados e, às vezes, sem sentido para a criança, pois reduzem o potencial estético, criativo e inusitado das variadas possibilidades de combinação dos elementos.

Ainda em relação a esse assunto, muitos professores sinalizam trabalhar com coreografias previamente construídas por eles, com passos predeterminados, tirando a chance de a criança participar do processo de elaboração artística e construir a própria dança. Nesse sentido, o RCNEI alerta que a vivência da dança pelas crianças não pode estar determinada pela marcação e definição de coreografias feitas pelos adultos, pois, se "considerada uma atividade de técnicas e passos predeterminados relacionados a cada estilo – o que acontece frequentemente –, a dança se torna uma prática inadequada para a faixa etária" (Vieira; Teixeira; Teixeira, 2010, p. 3).

A apresentação pode ser um momento privilegiado para propiciar a ampliação e a fruição da dança como linguagem artística, possibilitando à criança aprender sobre as relações entre dançarino e público, como o corpo se organiza em cena, o que são e como acontecem os bastidores, a elaboração da coreografia, vivenciar o ensaiar, a preparação, os momentos anteriores e o agradecimento. Além disso, a apresentação pode contribuir com a educação estética dos pais e da comunidade e ser uma oportunidade de a criança ser apreciada. Dessa forma, é interessante que pertença ao universo infantil. Contudo, sua proposição não pode objetivar ou se resumir à produção de espetáculos, mas tê-los como uma consequência, uma parte do processo. É importante que os temas das apresentações surjam da necessidade e do interesse das crianças, com assuntos relevantes que contribuam para a edificação do conhecimento. As ideias podem nascer da curiosidade infantil, com movimentações corporais construídas por elas e mediadas pelo professor.

Logo, a dança para a educação infantil necessita estimular a descoberta e não a padronização; a improvisação e não a repetição de movimentos previamente determinados. Uma dança que não aprisione o movimento, mas liberte a imaginação, a criatividade e a expressão; que germine das ações básicas do cotidiano e suas combinações (andar, girar, saltar, dobrar, torcer), almejando um conhecimento amplo das possibilidades de movimento, do espaço e da consciência corporal. E, por fim, que possibilite o brincar com o corpo, conhecer-se, conhecer o outro e o meio que o cerca.

Tal dança pode ser inspirada nos estudos de Rudolf Laban e seus interlocutores brasileiros. Entretanto, antes de nos atermos a essa reflexão, busquemos compreender as características e necessidades das crianças de educação infantil, para, então, sugerir uma possibilidade de aproximação entre elas e a dança.

2
Encontro com a eterna novidade: a criança pequena

> Crianças gostam de fazer perguntas sobre tudo. Mas nem todas as respostas cabem num adulto.
>
> (Arnaldo Antunes)

Trilhando este livro, encontramo-nos com a criança, nossa protagonista. Difícil descrevê-la... Suas características são diversas: ávida por exploração, curiosa, ativa, vibrante, intensa e capaz de interagir com parceiros diversos em diferentes situações. Essa "figurinha" possui ideias, interesses, visões, pensamentos e sentimentos próprios sobre o mundo. Influencia e modifica o meio em que vive, ao mesmo tempo que sofre influências e é modificada por ele ao entrar em contato com a cultura. Os pequenos também têm especificidades no seu desenvolvimento em relação às crianças maiores, aos adolescentes e aos adultos, com necessidades e formas peculiares de apreender o mundo. Ou seja, uma realidade distinta! Mas essa diferença durante muito tempo reinou na sociedade e na pedagogia como a imagem de uma criatura inocente, pura e frágil, para quem a infância seria um campo de lacunas, silêncios e passividade (Carneiro, 2009). Nessa visão, a criança é educada para ser alguém no futuro, como se fosse ninguém no presente, enquanto o adulto, esbanjando experiência, define previamente o que é melhor para ela. Fecharemos os olhos para essa paisagem e adotaremos outra perspectiva: a da criança como um ser em desenvolvimento, com grande capacidade cognitiva e de sociabilidade, cuja maneira de viver depende das experiências e dos contextos em que está inserida, do amadurecimento biológico, da capacidade de adaptação e das experiências que lhe são proporcionadas.

Além disso, partiremos da premissa de que a criança é um cidadão de direitos e um sujeito socioistoricocultural[5] que desenvolve, ao mesmo tempo e de maneira inter-relacionada, seus aspectos corporal, emocional, social e intelectual. Ao afirmá-la como cidadã de direito, estamos considerando os direitos garantidos por lei de maneira intransferível e igualitária a todas as crianças.

Considerá-la sujeito é levar em conta, segundo Faria e Salles (2007, p. 44),

> que ela tem desejos, ideias, opiniões, capacidade de decidir, de criar, de inventar, que se manifestam, desde cedo, nos seus movimentos, nas suas expressões, no seu olhar [...] e na sua fala. É considerar, portanto, que essas relações não devem ser unilaterais – do adulto para a criança –, mas relações dialógicas – entre adulto e crianças.

Isso significa valorizar os conhecimentos que a criança traz de seu meio sociocultural e considerar como ela atua, reage e

---

5. A nova ortografia da língua portuguesa indica que o termo seja escrito com hífen (sócio-histórico-cultural), entretanto, aqui, considerei a articulação entre o contexto histórico e os meios social e cultural; dessa forma, optei por redigir o conceito de maneira unida.

(re)cria (n)os contextos em que vive. Além disso, compreendê-la como sujeito é reconhecê-la como protagonista de suas experiências. Dessa forma, é preciso ouvi-la, observá-la e perceber o significado de seus movimentos e passividades.

Conferir-lhe as características social, histórica e cultural é admitir que ela está imersa na cultura do seu meio social e em um período histórico datado, ou seja, a criança de hoje não tem as mesmas particularidades da que viveu no século passado; a criança brasileira possui aspectos diferentes das crianças de outros países, e, mesmo dentro do Brasil, um país territorialmente extenso, que recebeu imigrantes de diversos lugares do mundo, as crianças de cada estado, cidade, bairro são diferentes umas das outras.

Nesse contexto, a cultura é mais que um mecanismo cumulativo transmitido de geração para geração; ela é dinâmica, pois toda pessoa, ao entrar em contato com ela, reelabora e produz novas ideias, que passam ou não a ser incorporadas. Nesse processo, a cultura se transforma, perde e agrupa aspectos para as novas gerações. A criança está imersa e é inundada pelo meio cultural. Não há fronteiras entre ambos. Ela constrói sua história com seus pares, apropria-se, ressignifica e reinventa o mundo, construindo seu conhecimento.

Além disso, conceber o sujeito – criança ou não – como um ser sociohistoricocultural é também dizer que ele traz consigo a história, a cultura e o conhecimento acumulados ao longo de muitos anos de civilização e de organização social do local onde vive (Faria; Salles, 2007). E, com base nesse referencial de tempo e lugar, os pequenos apresentam um modo específico de olhar e compreender o mundo que os cerca. Tais fatores nos fazem pensar que a educação precisa ser sempre atual, pois cada local, época e sociedade têm saberes e oferecem experiências de uma maneira peculiar.

A arte e a dança fazem parte desse processo. Elas são produções históricas, sociais e compõem a cultura de um meio, além de estimular a construção de conhecimento sobre si e sobre o outro. Portanto, é de necessária presença na escola.

Entender as especificidades do desenvolvimento infantil é admitir o processo que a criança da educação infantil está vivendo. A compreensão dos pontos básicos sobre como ela se desenvolve em relação ao meio cultural pode promover experiências pedagógicas de qualidade na educação infantil (Oliveira, 2010). E esta é a intenção deste capítulo: compreender algumas características do desenvolvimento infantil, revelando os pressupostos que podem alicerçar as proposições em dança de modo a dialogar com as necessidades infantis.

Para tal, recorri a alguns aspectos dos estudos de Henri Wallon (1975, 2007) e a seus atualizadores/interlocutores brasileiros: Dantas (1992), Galvão (1995) e Mahoney e Almeida (2004, 2009). Inspirei-me especificamente em Godoy (2003), que, em sua tese de doutoramento, realizou aproximações entre a dança e recortes da teoria walloniana no que diz respeito ao meio sociocultural como componente importante para a construção da pessoa no ambiente educacional.

A opção pela complexa e original teoria de Wallon reside na possibilidade de reflexão sobre despertar o potencial do ser humano na sua completude, não priorizando apenas as capacidades cognitivas. Esse autor considera o sujeito holisticamente, nos seus aspectos motores, socioafetivos e cognitivos, mostrando que elementos físicos, químicos, biológicos, emocionais, intelectuais, culturais e de movimento fazem parte de um corpo, de um ser humano.

Que dança é essa?

Segundo Galvão (1995), os estudos de Wallon relevam a importância do componente motor no desenvolvimento da criança, compreendendo que o movimento não é um simples deslocamento no espaço ou uma sequência de contrações musculares. Ao contrário, o corpo legitima suas expressões, comunicações, interações, aprendizados, conhecimentos e o lúdico.

Outro ponto importante que incidiu sobre a escolha desse autor foi a sua concepção integral do ser mesclado no meio socioistoricocultural – uma compreensão dialética entre o desenvolvimento orgânico e social. Tal questão pode ser observada quando Dantas (1992, p. 36) destaca que, para Wallon, "o ser humano é indissociavelmente biológico e social, submetido, portanto, às disposições internas e às situações exteriores", isto é, sua estrutura orgânica supõe a intervenção do meio para se desenvolver e se atualizar; trata-se, portanto, de um sujeito *organicamente social*.

Nesse sentido, o sujeito é uma dimensão não fragmentada; uma interface entre natureza e cultura, fisiológico e simbólico, social e individual, razão e emoção, entre corpo e mente (Buss-Simão, 2012).

Ainda no pensamento walloniano, o meio constitui os campos que fornecem às crianças instrumentos para o seu desenvolvimento, ou seja, cada entorno, seja ele humano ou físico, apresenta possibilidades para a aprendizagem. Para explicar as mudanças ocorridas durante o desenvolvimento da pessoa nos seus aspectos motores, afetivos, sociais e cognitivos, Wallon propõe e descreve uma sequência de estágios: impulsivo-emocional, sensório-motor e projetivo, personalismo, categorial e adolescência.

O estágio do personalismo estende-se, aproximadamente, dos 3 aos 6 anos de idade, faixa etária que abrange uma parte da educação infantil; portanto, a ela nos atentaremos. A compreensão desse estágio e sua interlocução com outras áreas do conhecimento proporcionaram a identificação de particularidades importantes das crianças, que fundamentaram a proposição de dança deste livro. Nomeei tais características de *pressupostos da dança*: linguagem artística, sujeito socioistoricocultural, noção do corpo, estruturação espacial e diferenciação eu-outro.

A dança, concebida como linguagem artística, e a criança, como sujeito socioistoricocultural, foram ilustradas neste capítulo; os demais pressupostos serão abordados a seguir.

NOÇÃO DO CORPO

O personalismo é uma das etapas do longo processo de construção da pessoa. A primeira delas é marcada pela conquista do "eu corporal", nos estágios impulsivo-emocional, sensório-motor e projetivo. A segunda corresponde à tomada de consciência de si e apropriação do "eu psíquico", tarefa do período personalista. Com a puberdade e a adolescência, surge a terceira etapa da conquista do eu, que será resultado dos avanços cognitivos realizados até o momento.

Na construção do eu corporal, o sujeito aprende a se diferenciar fisicamente dos outros, dos objetos e do ambiente que o cerca. Por meio, principalmente, das sensações provenientes da pele e da visão, o bebê individualiza as partes do seu corpo, aprende a reconhecê-las e a integrá-las ao conjunto. É o início do desenvolvimento do esquema corporal. Nunes (2000) destaca que esse processo vai desencadear a apropriação da imagem de si, refletida no espelho ou presente nas fotografias, isto é, o bebê começa a formar mentalmente a sua imagem corporal. Wallon descreve esse momento como estágio do espelho (Silva, 2007).

Que dança é essa?

O esquema corporal envolve o conhecimento e a consciência do próprio corpo e de suas partes em relação ao meio envolvente (Wallon, 1975). Esse conceito se desenvolve por meio das experiências de movimento e das sensibilidades corporais internas e externas, principalmente das impressões posturais, originárias das articulações e dos músculos, chamadas de propriocepção. A sensibilidade proprioceptiva, segundo Limongelli (2004, p. 55), provoca sensações relativas ao equilíbrio "e a posição dos segmentos corporais em relação ao próprio corpo".

A propriocepção, termo empregado por Sherrington por volta de 1900, refere-se à capacidade de reconhecer a posição e a angulação das articulações no espaço e, então, a posição das partes do corpo, o que oportuniza ao sujeito construir a consciência corporal (Antunha; Sampaio, 2008).

Artunha e Sampaio destacam que a sensibilidade proprioceptiva é um sistema complexo, de natureza neurológica, que recebe informações provenientes de múltiplos sensores do corpo, como a pele da sola dos pés, músculos, articulações, mucosas, língua, sistema visual e sistema auditivo do equilíbrio (labirinto). Esse sistema integra todas essas informações e expede as ordens necessárias para que as fibras musculares do corpo realizem determinada ação.

A dança estimula efetivamente as sensibilidades proprioceptivas, na medida em que seus movimentos atuam na transferência de peso do corpo, nas mudanças das posições dos segmentos corporais e nas modificações da postura, provocando reações antigravitacionais. Tal estímulo pode contribuir ao sujeito que dança para o conhecimento de seu corpo e de como e quando utilizar suas partes para realizar um movimento. Nesse contexto, a dança pode oferecer experiências para a ampliação do esquema corporal.

Outra sensibilidade importante é a exterocepção, que fornece informações do mundo externo por meio dos cinco sentidos: olfato, visão, audição, tato e paladar. "Essa sensibilidade permite que identifiquemos as condições do mundo exterior" (Limongelli, 2004, p. 55) para, assim, podermos adequar as nossas ações ao meio.

VIVÊNCIA 1: Sensibilização tátil
Com as crianças sentadas no chão e em círculo, pergunte a elas quais partes do corpo conhecem. Cite e mostre outras que não foram elencadas. Lembre-se de usar os nomes corretos: músculo não é carne; pulso é da pulsação; a articulação entre o antebraço e a mão chama-se "punho", entre outros.

Entregue uma bolinha para cada criança. Pode ser bolinha cravo, de tênis, borracha ou isopor. Eu, particularmente, gosto muito da bolinha cravo, por ter uns "espinhos" que provocam a sensibilidade da pele. Caso sua escola não possua recursos materiais como esses, você pode pedir que todos levem um rolinho de papel higiênico.

Sugira que as crianças passem o material em cada parte do corpo como uma pequena massagem. Eu costumo mediar essa proposição indicando as partes a ser massageadas. Isso garante uma exploração mais profunda e cuidadosa. Entretanto, o tempo de experimentação não pode ser muito extenso, para que as crianças não cansem e se desconcentrem.

VIVÊNCIA 2: Estimulação da pele
Utilizo muitas histórias em minhas intervenções. Conto uma sobre uma massinha que tinha um enorme desejo de se transformar em uma escultura. Nesse momento, peço às crianças que se posicionem em pé e com o corpo bem durinho.

Em uma bela noite de lua cheia, como num passe de mágica, a massinha ganhou vida e começou a se mexer. Ela decidiu se modelar para virar um "corpinho". Iniciou pelas bochechas, passou por várias partes do corpo até chegar aos pés [indico cada uma das partes a ser massageadas].

Quando a massinha conseguiu se transformar em um corpo, uma pulga caiu nela e ela começou a se coçar [também indico as partes do corpo a ser coçadas]. *Depois que a pulga foi embora, a massinha foi fazendo carinho bem suave em toda a sua pele para acalmar a coceira.*

A história pode continuar de muitas formas, com, por exemplo, a massinha tentando descer da prateleira por uma linha. E, para isso, as crianças podem andar por muitos tipos de representação da "linha", que pode ser a da quadra; por cima de um banco sueco ou um traçado no chão com giz, até alcançar seu objetivo.

Atenção: você deve estar se perguntando se isso é dança. Respondo que não; entretanto, faz parte dela, pois a criança precisa ter consciência do seu corpo para usá-lo. Lembre-se de que estamos nos pressupostos dessa linguagem artística, na base na qual ela se estrutura. Além disso, essas vivências estimulam a percepção tátil (exterocepção), ao mesmo tempo que auxiliam a criança a perceber a posição das partes do corpo (propriocepção) e nomeá-las corretamente.

DICA: você pode experimentar com as crianças as sugestões mencionadas anteriormente e elaborar muitas outras que estimulem os cinco sentidos (visão, audição, olfato, tato e paladar), o equilíbrio e a consciência da posição das partes do corpo.

Sugiro outras além dessas, entretanto sinta-se à vontade para descobrir e criar várias possibilidades de vivências.

A propriocepção e a exterocepção estabelecem uma comunicação dinâmica entre si. Caminhar, rolar e engatinhar sobre superfícies diferentes, como colchão, pano, plástico-bolha e pedras, por exemplo, estimulam o sentido tátil, bem como as sensações relativas ao equilíbrio e à posição das partes do corpo, uma vez que, para se deslocar em superfícies diversas, deve haver um ajuste postural. Essas vivências podem ser utilizadas nas proposições em dança para estimular as sensibilidades corporais e a organização da ação.

Além das sensibilidades corporais e da nomeação das partes do corpo, o esquema corporal envolve a vivência do movimento. O movimento é inerente à criança e, ao longo do processo de desenvolvimento, seus gestos vão se tornando coesos e precisos. Mexer, apalpar, pegar, procurar, cair, levantar, pular e correr são ações decisivas para a criança se conhecer, identificar suas possibilidades, limitações, sensações e preferências, apropriando-se do corpo e das ações. É por meio do movimento que os pequenos conhecem o mundo que os cerca.

> **DICA:** você pode criar uma história que se passa em um zoológico ou uma floresta, na qual as crianças imitam os movimentos dos animais rastejando, engatinhando, rolando, movimentando-se na posição de quatro apoios, andando, saltando e correndo. Permita que cada uma imite o seu macaco, a sua girafa para que possa criar outros mundos e explorar a imaginação e as possibilidades do movimento. Em seguida, você pode colocar uma música e sugerir que usem esses movimentos, na ordem que quiserem, em forma de dança. Costumo brincar que os animais vão dançar!

> **VIVÊNCIA 3: Imagem corporal – Desenho no papel-manilha**
> Corte pedaços de papel tipo manilha ou craft da altura das crianças. Prenda-os no chão com fita-crepe. Cada criança escolhe um sobre o qual irá se deitar e você, com a ajuda de outra pessoa (secretária, auxiliar), desenha o contorno do corpo do pequeno.
> Peça para elas preencherem a figura como desejarem (colocar olho, roupa etc.).
> Você pode variar a atividade solicitando que desenhem o que pensam que tem dentro do corpo. Ou, se tiver um espelho, sugira que se olhem e percebam os detalhes para, então, desenhar.
>
> **Fechamento:** Converse com as crianças sobre as impressões que tinham de seus corpos: "Vocês achavam que o corpo era daquele tamanho, daquele jeito? O que imaginavam ser diferente?" Geralmente elas se percebem menores do que realmente são, pois, na maioria das vezes, se referenciam nos adultos.

As vivências do esquema corporal em dança desencadeiam a apropriação e a atualização da imagem corporal, conceito que envolve a abstração e a representação mental do corpo, ou seja, como o sujeito se vê; é a percepção que ele tem do seu corpo em relação ao espaço (pessoas e objetos). Para Schilder (*apud* Fonseca, 2008), esse conceito é adquirido e elaborado no cérebro por meio da aprendizagem mediada pelo outro e pelo meio social.

É importante enfatizar que, à medida que crescemos, engordamos, emagrecemos, modificamos nosso corpo e vivenciamos novos movimentos, o esquema e a imagem corporal são atualizados. Cada impressão elementar se funde nesse universo corporal, alterando-os (Wallon, 1975). O esquema e a imagem corporal carregam uma plasticidade e uma disponibilidade que se estruturam, reestruturam e desenvolvem continuamente por toda a vida do sujeito; com isso, é necessário que sejam continuamente trabalhados.

Na infância, o esquema e a imagem corporal são primordiais para a construção da personalidade e a conquista dos movimentos intencionais – ações organizadas e planejadas para a obtenção de um fim, que são elementos relevantes ao crescimento e à inserção da criança no meio em que vive.

Vale ainda ressaltar que, na prática, entre ambos os conceitos, é difícil desenhar fronteiras nítidas, dada a natureza holística do ser humano, na qual um influencia e se soma ao outro. Para resolver essa simbiose, Vitor da Fonseca (1995, 2008) une os dois conceitos em um: *noção do corpo*.

Nesse aspecto, a dança pode possibilitar a vivência da noção do corpo e da apropriação do eu na educação infantil, uma vez que essa linguagem explora diretamente as experiências corporais aliadas à imaginação e à criatividade (Vieira et al., 2011) e tem como instrumento principal o corpo e o movimento. Entretanto, alertamos que ações intencionais e conscientes por parte do professor otimizam o desenvolvimento de tal pressuposto e oportunizam à criança uma utilização corporal com maior inteligência, autonomia, responsabilidade e sensibilidade (Godoy, 2007).

Dessa forma, um dos pressupostos identificados para uma proposição da dança na educação infantil é a noção do corpo, realizada por meio da estimulação do conhecimento da estrutura corporal (nomear e discriminar articulações, alguns ossos e músculos), a consciência do corpo, a investigação das possibilidades de movimento e a construção e ampliação do repertório motor. Nesse sentido, a dança no ambiente educacional "pode construir com as crianças muitas corporalidades, diversas possibilidades de relacionar-se consigo, com os outros e com o meio sociocultural" (Godoy, 2011, p. 22).

ESTRUTURAÇÃO ESPACIAL

A partir do corpo nos localizamos no espaço. A noção corporal é o atlas que nos auxilia a "navegar" na imensidão; é o nosso ponto de referência e permite estimar a quantidade e a amplitude dos gestos necessários para explorar o ambiente, saber a distância a ser percorrida, a posição de alguém ou de um objeto, entre outros. Dessa forma, o corpo dialoga com toda informação relacionada com o espaço. Nesse momento, surge o conceito de estruturação espacial (Fonseca, 1995).

A estruturação espacial é um fator do desenvolvimento psicomotor que possibilita a orientação no espaço, seja do corpo, das pessoas ao redor ou dos objetos. Alves (2008, p. 69) afirma que nos situamos "através do espaço e das relações espaciais, para vivermos no meio, estabelecendo relações entre as coisas, fazendo observações, comparando-as e combinando-as" para, com isso, podermos agir. Segundo Fonseca (1995), uma estruturação espacial estável é vital para o desenvolvimento das noções de profundidade, altura, largura, posição, tamanho, distância, forma, entre outras.

O espaço é um elemento importante para a dança. Essa linguagem se utiliza necessariamente dele, construindo-o e ressignificando-o. É no espaço que o corpo se situa e onde se desenvolvem os movimentos expressivos. Segundo Siqueira (2006, p. 77), a concepção de Laban sobre a dança refere-se a "uma poética dos movimentos do corpo no espaço, sendo o espaço concebido a partir do corpo do bailarino e de seus limites". A autora acrescenta que a noção de espaço é fundamental no trabalho desse estudioso sobre o corpo imóvel ou em deslocamento.

Nesse aspecto, dança e estruturação espacial podem se aproximar, principalmente na educação infantil, fase na qual a criança muda significativamente suas relações com o mundo que a cerca. Ela vai desenvolvendo movimentos que lhe permitem uma atuação mais autônoma no meio, tanto em relação às possibilidades de deslocamento quanto na perspectiva das relações interpessoais. Tais características apresentam-se enfatizadas no próximo pressuposto da dança: diferenciação eu-outro.

DIFERENCIAÇÃO EU-OUTRO

Depois de se diferenciar dos objetos e compreender os limites do seu corpo construídos pelos estágios anteriores que envolviam o eu corporal, a criança se vê sincrética no outro, no meio social, dando início à etapa de constituição do eu psíquico: o estágio do personalismo.

As particularidades desse período recaem sobre a construção de si como um ser diferente dos outros; um processo de discriminação entre o eu e as pessoas que o cercam. "Trata-se agora para ela [a criança] de se subtrair à alienação de si no outro, que era a consequência da sua total imperícia em nada resolver por si própria, nas situações em que se encontrava" (Wallon, 1975, p. 65).

O estágio do personalismo apresenta três fases distintas que parecem contrastar entre si: oposição, admiração e imitação. Essas etapas podem sobrepor-se e suceder-se de maneira descontínua, brusca ou marcada por retrocessos.

A primeira, que acontece entre os 3 e 4 anos de idade, é marcada por uma oposição negativa da criança em relação às pessoas do seu meio, em que ela as afrontará sem outro motivo senão o de experimentar sua independência, testar seus limites, conquistar sua autonomia e afirmar sua existência (Wallon, 1975; 2007). Essa atitude se dará por uma tentativa de eliminar tudo que não faz parte de si, que vem de fora, em uma ação quase agressiva que a lançará em uma série em conflitos.

A criança toma um ponto de vista exclusivo, unilateral e irreversível. Os pronomes na primeira pessoa – "eu", "meu", "mim" – são adotados para designar sua personalidade e demonstrar seu ponto de vista (Wallon, 1975). A posse dos objetos é outro aspecto importante para reiterar seus direitos de propriedade e, muitas vezes, a criança utiliza-se da força para apropriar-se deles ou finge oferecer brinquedos para ter a oportunidade de pegar os dos outros (Wallon, 2007).

> **VIVÊNCIA 4: O espelho do contra**
> Conhece o jogo do espelho (aquele em que uma criança imita a outra como se fosse seu espelho)? Você pode inspirar-se nessa característica de oposição elencada por Wallon e sugerir "o espelho do contra".
> Peça para que os pequenos se organizem em duplas e escolham o número que irá identificá-los: 1 ou 2. Sugira um dos números e a criança correspondente comandará o jogo, enquanto a outra deve se opor. Por exemplo, se o colega dançar em pé, o espelho deve abaixar (dançar deitado, ajoelhado, agachado) e vice-versa. Se o colega for para um lado, o espelho deve ir para o outro, e assim sucessivamente.
> Você pode propor inúmeras ideias para ampliar as possibilidades de criação e descoberta de movimentos das crianças.

Outra característica importante dessa etapa de oposição é a maneira como distribui os outros em relação a si:
- compara-se constantemente com os outros para se discriminar;
- faz exigência por caprichos e ordena que lhe dispensem exclusividade, podendo cometer erros intencionalmente para chamar a atenção sobre si.

Mas Wallon (1975; 2007) defende ser essa crise necessária e importante, pois será o início da consciência de si, de reconhecer e afirmar a existência da sua pessoa.

A diferenciação eu-outro, no entanto, ainda não está totalmente resolvida e, por volta dos 4 anos, sucede-se um personalismo mais "positivo": a fase da admiração, a "idade da graça". Nesse período, a criança inicia uma grande preocupação consigo e com o que suas atitudes e gestos podem ser e parecer (Wallon, 2007). Apresenta, então, uma nova necessidade: a de conhecer seus méritos, exibindo-os aos outros. Para ela, admirar-se significa ser admirada, e agradar a si significa agradar aos outros (Nunes, 2000). "Olha como eu faço" e "Olha como eu consigo" são as frases mais utilizadas no momento, a fim de obter uma satisfação narcísica. O outro, que foi negado anteriormente, precisa ser aproximado.

> **DICA:** também inspirado por essa fase do desenvolvimento, você pode organizar momentos de apreciação, nos quais as crianças podem, em duplas, dançar uma para a outra, ou metade da turma assistir à metade que dança. Pode também propor apresentações para os pais, professores e comunidade.
>
> Essas ações, se mediadas, podem despertar um princípio de construção da cena, com início, meio e fim, destacando a relação de comunicação entre dançarino e público. Uma busca pela dança como linguagem artística, com elementos que signifiquem algo para alguém (Marques, 2010).
>
> É possível propiciar a contemplação e o papel ativo do espectador almejando enriquecer a criatividade e a imaginação de quem assiste.

Ao se exibir, a criança reconhece que pode ou não ser correspondida em suas expectativas. Dessa maneira, a necessidade de ser admirada e aprovada vem sempre acompanhada por inquietações, timidez e decepções: "É reconhecidamente uma etapa decisiva em seu desenvolvimento. Frustrações ou arrogâncias infantis, se não forem bem orientadas pelo adulto, podem marcar de forma duradoura o comportamento da criança nas relações que estabelece com seu ambiente" (Bastos; Dér, 2009, p. 43).

Que dança é essa?

A partir dos 5 anos de idade, os méritos que a criança encontrava em si e insistia em mostrar para os outros para se autoafirmar já não são suficientes e uma mudança radical ocorre em seu comportamento. Nessa terceira etapa do personalismo, ela deseja expandir as possibilidades de si adquirindo as qualidades das pessoas que admira (Wallon, 2007). É a fase da imitação. Esse movimento de incorporação do outro em princípio pode tornar-se uma cópia, mas posteriormente é reelaborado e ampliado como uma nova manifestação da pessoa.

Assim, a imitação marca essa fase como a gênese da tomada de consciência de si e do mundo ao seu redor à medida que a criança compreende o contexto social em que está inserida, em um movimento sucessivo de interiorização e exteriorização. Essa ação contribui para o desenvolvimento da imagem e do esquema corporal, diferenciando aquilo que pertence ao mundo exterior daquilo que pertence ao seu corpo, isto é, ao seu mundo interior (Fonseca, 2008).

A imitação, atividade polêmica no meio educacional, pode, nessa fase do personalismo, ser benéfica e não tolher o potencial criativo infantil, se pensada como um referencial a ser reelaborado pela criança para ampliação da sua perspectiva de mundo. Segundo os estudos de Wallon (2007), reproduzir um gesto pressupõe a capacidade de comparação, reconstituição do conjunto e intuição latente do modelo global. As impressões amadurecem dando origem aos movimentos apropriados. Nesse sentido, para imitar são necessários perceber e compreender.

Para o estudioso, a criança imita as pessoas que exercem sobre ela uma atração, uma curiosidade. Na base das suas imitações está o desejo de experimentar, a admiração e a necessidade de captar os propósitos dos que a cercam. A imitação está inundada do olhar para o outro. A imitação também pode favorecer a ampliação do repertório motor, a consciência de si, o desenvolvimento das funções cognitivas e a autonomia, uma vez que a criança imita à sua maneira, para dilatar suas possibilidades e ousar outras experimentações.

> **DICA:** o modelo pode ser usado como ponto de partida, como um estímulo para: 1. proporcionar ampliação do repertório motor às crianças pequenas; 2. vivenciar uma possibilidade de combinação entre os elementos da dança, acompanhando o pulso musical; 3. reconhecer alguns movimentos que poderiam compor as improvisações; 4. possibilitar a reelaboração e criação de gestos por meio de diferentes possibilidades de ação; e 5. estimular o processo de criação.
>
> Evite que as imitações construam padrões rígidos e preestabelecidos de movimentação, com a repetição de passos e reproduções mecânicas. Incentive os pequenos a realizarem suas formas de movimentar, almejando uma construção de uma dança própria de cada criança.

Para ir ao encontro desse momento da infância, as vivências em dança podem lançar mão, em alguns momentos, da imitação como uma estratégia interessante de oferecer experiências aos pequenos. Entretanto, é necessário que o imitar não seja uma ação reprodutiva sem sentido, que impeça as crianças de reelaborarem suas experiências como uma manifestação pessoal. Um exemplo de como trabalhar a imitação e a reelaboração dos movimentos é a utilização de DVDs de espetáculos de dança. A criança aprecia, reconhece os signos dessa linguagem artística, imita os artistas e depois reorganiza os movimentos a seu modo, surgindo uma nova composição.

Nesse contexto, nos estudos de Wallon (1975 *apud* Pedrosa, 1994), a imitação se aproxima da representação quando o sujeito, ao imitar, tende a estabelecer uma dissociação entre o que é percebido, desejado ou imaginado e o que é efetuado. Há uma reorganização do modelo. Essa oposição propicia "o plano da representação". A representação seria, segundo ele, o "resultado da duplicação do real, ou seja, o desdobramento do plano do sensível e do concreto em um equivalente, formado de imagens, símbolos e ideias" (Pedrosa, 1994, p. 112).

> **VIVÊNCIA 5: Jogo do espelho**
> A imitação pode estar vinculada ao faz de conta, no qual as crianças experimentam os movimentos de animais, aviões, detetives, grãos de areia, entre tantos outros personagens que surgirem no decorrer do processo.
> Uma atividade bastante conhecida que envolve a imitação é o jogo do espelho. Organize as crianças em duplas e peça que se enumerem em 1 e 2. Quando você solicitar um dos números, este faz os movimentos que o colega deve imitar.
> Como variação, você pode sugerir que permaneçam um ao lado do outro e utilizem a visão periférica para copiar.
> Não se esqueça de trocar os mestres, para que todas as crianças vivenciem a possibilidade de criar os movimentos que seus colegas irão realizar.
> Para a proposta ficar mais dançante e desafiadora, você pode sugerir que os mestres percorram diferentes caminhos: circular, retilíneo, em zigue-zague, ondular, entre outros.
> Uma vez, desenhei cada um desses caminhos em papéis-cartões e, cada vez que eu mostrava um desenho, o mestre deveria dançar realizando aquele percurso.
> Essa proposição também estimula a estruturação espacial descrita anteriormente.

Em todo esse contexto de diferenciação eu-outro que envolve o estágio personalista, a dança pode surgir como uma vivência que possibilita às crianças se diferenciarem, não as enquadrando em um conjunto que as padronize e em que todos se movimentam igualmente e ao mesmo tempo. É interessante que elas tenham a possibilidade de escolher seus movimentos e objetos, para descobrirem suas preferências e, principalmente, a sua dança.

Segundo Nunes (2000), ao adotar a perspectiva walloniana para essa faixa etária, as atividades propostas devem favorecer a saída da criança do sincretismo no outro e no meio social em que se encontra, para que ela possa se perceber como personalidade diferenciada. Nesse sentido, a dança pode respeitar a individualidade, estimulando a espontaneidade, a vivência, a descoberta e a improvisação de movimentos, deixando de lado a intensa reprodução e a repetição de passos previamente determinados pelo adulto.

Vistas as três fases do estágio personalista – oposição, admiração e imitação –, é possível notar que, nesse período, há um predomínio das relações interpessoais e culturais (Dantas, 1992) para o enriquecimento do eu e a construção da personalidade. Nome, sobrenome, idade, endereço, características físicas e as preferências de movimento contribuem na constituição do eu diferenciado do outro.

A criança entre 3 e 6 anos necessita, ao mesmo tempo, se opor ao outro, expulsando-o de si, seduzir e imitar para assimilá-lo, e reelaborar sua personalidade única e total (Mahoney; Almeida, 2009). Nesse contexto de interação social, é significativo ressaltar que, durante o processo de constituição da pessoa, o eu, assim como o outro, é modificado nesse encontro. O outro também se apropria e reelabora as características do eu, o que revela uma interdependência. Entra em cena a interação social, uma das estratégias para sugerir a dança, que veremos no próximo capítulo.

3
Um labirinto de escolhas: estratégias da dança

Há muitas possibilidades de apresentar a dança aos pequenos. Entretanto, inspirados nos autores que estão fundamentando essa proposta para a educação infantil, é possível elencar quatro estratégias principais para a ação do professor: interação social, jogo infantil, improvisação e apreciação estética.

INTERAÇÃO SOCIAL

Nessa fase da vida, as interações sociais são imprescindíveis para a promoção do desenvolvimento infantil. A diversidade dessas relações favorece o enriquecimento da personalidade e a ampliação dos conhecimentos (Faria; Salles, 2007). Nesse sentido, a escola de educação infantil pode ser um local privilegiado para o encontro da criança com outras de mesma idade ou de idade diferente, da criança com a cultura, com o professor e com outros adultos que não os da sua família. Bastos e Dér (2009) complementam que o meio escolar é diversificado, rico e pode oferecer novas oportunidades de convivência, ampliando o leque relacional.

DICA: antes da efetiva aplicação da proposta de dança que eu elaborei, realizei um projeto-piloto para verificar algumas hipóteses e experimentar estratégias.

Uma delas estava relacionada à interação social. E, com a intenção de favorecer o encontro com o outro, construí um sociograma com uma turma de 15 crianças com 5 anos de idade.

Sociograma é um diagrama que mapeia graficamente a fisionomia das relações individuais e interpessoais entre os diferentes participantes de um grupo, obtido por meio de entrevistas e questionários (Garcia, 2005). A técnica sociométrica é sugerida quando os participantes já se conhecem e convivem há algum tempo, sendo capazes de exprimir suas preferências no que diz respeito ao relacionamento (Williams, 1998). No caso do projeto-piloto, as crianças estavam dançando juntas há dois meses.

Essa técnica possibilita: a. observar como estão as relações sociais no ambiente de trabalho e/ou de estudo; b. reconhecer os líderes; c. identificar as pessoas que, por algum motivo, estão excluídas; d. conhecer os membros mais populares; e. notar as ligações entre os sujeitos, como as "panelinhas" ou os grupos fechados, as duplas inseparáveis, as estrelas – pessoas que fazem conexão entre dois ou mais grupos, sem ser membros de qualquer um deles – e as pontes – pessoas que servem de ligação ao pertencer a dois ou mais grupos (Fox, 2002).

No ambiente educacional, a aplicação do sociograma tem o objetivo de apreciar a estrutura social de uma turma para melhorar a relação entre professor e crianças e entre as próprias crianças.

A primeira etapa da aplicação da técnica sociométrica do projeto-piloto que realizei consistiu em pedir, individualmente, a indicação dos três colegas com os quais cada criança mais gostava de dançar. Com as respostas anotadas, a segunda etapa consistiu na confecção do sociograma, tabulando as respostas sobre suas preferências de parcerias.

Por fim, na terceira etapa, analisei o gráfico, observando os grupos fechados e as crianças menos e mais escolhidas. Com base nisso elaborei as possíveis variações de duplas, iniciando pelas preferências das crianças até, gradativamente, promover o encontro entre crianças que não costumavam dançar juntas.

A cada atividade eu sugeria novos encontros em momentos de apreciação, aproximação, distanciamento, toque, complementação, imitação e oposição, na intenção de favorecer a interação social e o encontro com o outro, inspirado nas características do estágio do personalismo reveladas por Wallon. Notei que dançar com o colega favoreceu a diferenciação eu-outro e a ampliação do seu repertório motor e criativo e pôde oportunizar a socialização, cooperação e compreensão das diferenças.

A experiência do sociograma permitiu-me observar que as crianças tendem a se aproximar dos pares aos quais se identificam, estabelecendo elos que dificultam a vivência de outras relações interpessoais. Com isso, verifiquei que organizar e sugerir as duplas e os grupos de trabalho possibilitou a interação social e um conhecimento maior do outro. Os pequenos ampliaram seus grupos relacionais e começaram a brincar com outros colegas com quem não costumavam brincar dentro e fora dos momentos dançantes.

Depois de vários encontros elaborando as parcerias, propus uma vivência na qual as crianças pudessem escolher seus parceiros. Achei o resultado interessante, pois muitas acabaram procurando colegas com quem ainda não haviam dançado, fruto da variedade de interações sociais que estavam sendo propostas.

Tal iniciativa, além de favorecer o encontro com o outro e estimular a interação social, proporcionou aos pequenos a possibilidade de incorporar gestos do repertório motor dos colegas e ampliar a sua opção de movimentos e a coordenação motora, uma vez que, ao olhar para o outro (seja na imitação, oposição ou apreciação), as crianças puderam: 1. compreender outras formas de movimentos; 2. imitar para dilatar suas possibilidades; 3. reelaborar à sua maneira; e, então, 4. ousar outras experimentações (Wallon, 1975).

Sob esses aspectos, vislumbrei que utilizar as interações sociais não só atendeu às características e necessidades do período personalista, segundo Wallon (2007), como também se apresentou como uma estratégia para aproximar a dança dos pequenos, uma vez que um ensinou ao outro e, juntos, compartilharam ações para a construção de suas danças.

Além disso, nas interações que as crianças estabelecem entre si, sejam de cooperação, brincadeira, confronto ou consenso, elas aprendem como solucionar problemas, como agir nos diferentes contextos, lugares, grupos, tipos de atividade. Essas vivências oportunizam acesso ao legado cultural e aos conhecimentos adquiridos socialmente, promovendo a compreensão do mundo e o papel dos pequenos dentro dele.

As interações sociais também favorecem a internalização das regras, a sensibilidade ao ponto de vista do outro e o desenvolvimento de uma variedade de formas de comunicação para compreender os seus sentimentos e os dos demais componentes do grupo. Com isso, os indivíduos aprendem a conversar, a negociar, a elaborar planos coletivos e a utilizar formas serenas de expressão.

Como a comunicação é intensa nas relações com o outro, o desenvolvimento dos diferentes canais expressivos favorece a interação e o aprendizado. A dança como expressão e comunicação humana pode contribuir para que a criança compreenda seu potencial expressivo e amplie suas capacidades comunicativas. Por meio dela os pequenos percebem e sentem o seu corpo e o do outro, propiciando uma sensível compreensão da comunicação corporal.

Tendo em vista tais reflexões sobre a interação social, é importante que os encontros de dança na educação infantil promovam vivências que oportunizem dançar em duplas, trios ou pequenos e grandes grupos, possibilitando a oposição, apreciação, imitação e elaboração de ações coletivas. Tais experiências podem ser estimuladas, por exemplo, por meio de jogos e de improvisações temáticas, nos quais a criança pode dançar "seguindo o mestre", explorar movimentos em um nível do espaço oposto ao seu parceiro ou combinar como irão organizar a posição dos materiais de aula para vivenciar algum elemento da dança.

JOGO INFANTIL

Outro aspecto relevante no universo da criança pequena é a ludicidade. O termo "lúdico" vem do latim *ludus* e significa brincar, divertir-se. Luckesi (2005) afirma que a atividade lúdica é aquela que propicia à pessoa que a vive uma sensação de liberdade, um estado de plenitude e de entrega total para essa vivência, um prazer expandido e sem limites, possibilitando um bem-estar pleno.

De acordo com Bettelheim (1988 apud Carneiro, 2009), nessa diversão a criança compreende e experimenta o mundo à sua volta, entrando em contato com os elementos da natureza e situações e objetos social e culturalmente construídos.

A criança entre 4 e 5 anos de idade gosta de rir e de se ver rir (Bastos; Dér, 2009). Distingue suas fantasias e a realidade, e sente prazer em misturá-las em suas realizações. Ao imaginarem, criarem e transformarem uma coisa em outra, os pequenos significam e ressignificam o meio em que estão inseridos, aprendendo sobre o mundo físico e social. Dessa forma, as atividades lúdicas se transformam em berço das atividades de representação e em "espaço de constituição da identidade pessoal e social do indivíduo" (Faria; Salles, 2007, p. 70).

Segundo Vieira *et al.* (2011), a adoção da ludicidade como um recurso pedagógico para mediar a dança na educação infantil demonstra-se motivadora devido ao seu caráter dinâmico, criativo e atraente. Esse universo de alegria e prazer do lúdico envolve os jogos, brinquedos e brincadeiras. Para uma intervenção em dança, o jogo se configura como uma opção metodológica interessante e prazerosa para apresentar de maneira sistematizada os signos da dança. Por meio do jogo é possível a identificação e a incorporação pelas crianças dos conceitos de dança de maneira divertida.

O historiador holandês Johan Huizinga (1993, p. 16) diz:

> [...] o jogo é uma atividade ou ocupação voluntária, exercida dentro de certos e determinados limites de tempo e espaço, segundo regras livremente consentidas, mas absolutamente obrigatórias, dotado de um fim em si mesmo, acompanhado de um sentimento de tensão e de alegria e de uma consciência de ser diferente da vida cotidiana.

Kishimoto (2008) revela que há vários tipos de jogos: de faz de conta, tabuleiro, cartas, de rua, esportivos, teatrais. Embora se abriguem sob o mesmo termo, cada um possui suas especificidades: "Por exemplo, no faz de conta, há forte presença da situação imaginária, no jogo de xadrez, as regras externas padronizadas permitem a movimentação das peças" (Kishimoto, 2008, p. 106). Mas, apesar das diferenças, de um modo geral, o jogo pode ser compreendido como a imaginação em ação.

Os jogos se aproximam da dança, pois ambos podem ser autênticas bases para a construção do movimento e a ampliação do repertório motor. Neles, as crianças aprendem as possibilidades de ação, tomam consciência do seu corpo, de suas partes, da postura, da forma como se movem, da posição no espaço e das relações entre si e o meio ambiente (Rau, 2006). Tais possibilidades contribuem para o desenvolvimento da noção do corpo e da estruturação espacial.

Afora os benefícios físicos, os jogos, assim como a dança, são caminhos possíveis para estimular a tomada de decisões, a expressão dos desejos, opiniões e sentimentos, a relação e comunicação com o outro por meio de diferentes linguagens e o aprendizado das regras. O jogo envolve o fazer, a ação, abre espaço para o novo, para a criação de "outro mundo, um mundo poético" (Huizinga, 1993, p. 7).

Que dança é essa?

No jogo, nunca se tem o conhecimento prévio dos rumos da ação do jogador ou respostas preestabelecidas, assim como não há um único padrão de movimentação e de expressão que deve ser seguido (Sgarbi; Jesus, 2008). Tudo depende das motivações pessoais ou da conduta de outros parceiros.

Os jogos de faz de conta ocupam, em particular, um lugar importante no universo infantil, pois se configuram como uma estratégia para a criação da fantasia. Por meio deles, as crianças mudam o significado das coisas, tratam objetos inanimados como animados e substituem uma ação real por outra imaginária, contribuindo para o processo de apropriação de signos e a construção da linguagem. Essa capacidade de evocar por meio de um signo o objeto ausente ou a ação ainda não realizada favorece a passagem do pensamento concreto para o abstrato.

Carneiro e Dodge (2007) explicam que, ao brincar de faz de conta, a criança retoma códigos e significados socialmente construídos, já vivenciados no seu dia a dia, e os transforma. Com isso, ao mesmo tempo que internaliza as ações características de sua cultura, ela amplia suas capacidades de imaginar, representar e criar, articuladas com suas formas de expressão. Além disso, a criança descobre outras possibilidades de utilização corporal, representando personagens ou animais por meio de gestos, posturas, expressões e verbalizações.

Apesar de predominar a fantasia e, por meio da imaginação, a criança poder modificar à sua vontade todos os aspectos que envolvem a história, o corpo a "prende" de alguma forma à realidade. Ou seja, quando expressa corporalmente sua atividade, ela precisa respeitar a realidade concreta e as regras das relações do mundo. Tais representações não só estimulam a apropriação dos signos como também favorecem a ampliação das capacidades expressivas, o reconhecimento da função comunicativa do corpo e o desenvolvimento da linguagem.

Nesse momento, o jogo se conecta mais uma vez à dança, pois ambos são veículos de comunicação e expressão do ser e produtos socioculturais que possibilitam o conhecimento do meio social. Para Huizinga (1993, p. 184), as relações entre o jogo e a dança são tão íntimas que a dança chega a ser uma "forma especial e especialmente perfeita do próprio jogo". Para tal, é necessário que os jogos envolvam o corpo e o espaço em relação à dança, estimulando a improvisação e a investigação de movimentos expressivos, criativos e característicos de cada corpo. Dessa maneira, a linguagem corporal se constrói na prática do corpo que dança (Sgarbi; Jesus, 2008).

O jogo, portanto, especialmente o faz de conta, possui um papel interessante nas proposições pedagógicas em dança para a educação infantil, na medida em que possibilita o diálogo, estabelece laços afetivos e favorece "transformar [as] relações corporais consigo, com o outro e com o meio" (Marques, 2009, p. 156). Além disso, estimula a imaginação e se conecta com a imitação comentada no capítulo anterior.

Durante a aplicação da pesquisa de mestrado, do projeto-piloto e mesmo antes, atuando como professora, observei que o jogo se apresentava como uma estratégia interessante de propor a dança com prazer. Segundo Godoy (2007), esse é um dos sentimentos que a dança pode gerar em quem a executa e a vê.

Dallabona e Mendes (2004, p. 2) destacam:

> [...] é muito importante aprender [e ensinar] com alegria, com vontade. Comenta Sneyders (1996, p. 36) que "educar é ir em direção à alegria". As técnicas lúdicas fazem com que a criança aprenda com prazer, alegria e entretenimento.

Brincar é criar vínculos e possibilita estabelecer relações. Ao propiciarmos situações lúdicas, de jogo, estamos estimulando a constituição de vínculos e a educação de pessoas sensíveis ao olhar e ao diálogo.

> **VIVÊNCIA 6: Vivo, morto ou enterrado**
> Esta proposta pode ser mediada da seguinte forma:
> - Iniciar pelo jogo "vivo ou morto" tradicional: ao comando da palavra vivo, todos ficam em pé e, ao som de morto, todos agacham.
> - Repetir o jogo modificando o tipo de informação: usar estímulo visual por meio de cartões coloridos (a cor vermelha representa o vivo, e a cor azul, morto).
> - Incluir o comando enterrado, no qual todos deitam, associando-o ao cartão verde. Ao mostrar a cor do cartão, as crianças realizam a nova posição.
> - Explicar níveis (Capítulo 4) e associá-los com o jogo (vivo = alto; morto = médio; enterrado = baixo).
> - Ao som de uma música, mostrar um dos cartões, e as crianças dançam no nível correspondente (vermelho = alto; azul = médio; verde = baixo).
> - Exibir dois ou três cartões ao mesmo tempo para estimular a transição entre os níveis (vermelho e azul = dança transitando entre os níveis alto e médio, por exemplo).
>
> **Observação:** a ideia do enterrado surgiu das próprias crianças em um dos encontros. Contudo, outra turma nomeou esse jogo de pipoca (alto), panela de pressão (médio) e milho (baixo).

O jogo garante "a formação do grupo, uma vez que o acordo lúdico assegura a inserção de todos na mesma atividade" (Sgarbi; Jesus, 2008, p. 20). Dessa forma, o jogo está inundado da interação social e do encontro com o outro, características elencadas no capítulo anterior.

VIVÊNCIA 7: A linda flor

Todos sentados em um círculo bem fechado e com as pernas estendidas à frente, como se quisessem encostar as pontinhas dos dedos dos pés. Contar a história abaixo propondo movimentos para sensibilização e preparação do corpo para dançar.

Era uma vez uma linda flor, que tinha 30 pétalas [número de pessoas sentadas na roda]. *Durante a noite, enquanto as estrelas brilhavam, a flor dormia.*

De repente, começou a chover... Chuá, chuá! [sem flexionar os joelhos, imitar a chuva caindo passando as mãos por toda a perna até o pé]. *E uma gotinha de água parou nos olhos da flor, que se sentiu incomodada* [permanecer com as mãos nos pés, sem flexionar os joelhos, alongando levemente a musculatura posterior da perna]. *Ela começou a piscar, abriu e fechou os olhos até a gotinha sair* [realizar movimentos de "ponta e flex" com os pés, como se eles fossem os olhos da flor piscando].

Ela percebeu que o dia estava nascendo e decidiu acordar. Começou a abrir suas pétalas, uma a uma [sem colocar as mãos no chão, as crianças andam "de bumbum" para trás, sentindo o apoio dos ísquios]. *Nossa, que flor grande!*

Uma borboleta passou voando e resolveu descansar em cima da flor [posição de borboleta com as pernas]. *Parou um pouquinho, mas logo saiu voando* [inclinar o tronco para a frente, alongando na posição da borboleta]*! E voou tão alto que de lá de cima conseguiu ver o mar.*

No mar tinha um barco que balançava para lá e para cá [mantendo a posição de borboleta com as pernas e o tronco eretos, balançar o corpo de um lado para o outro, tirando um ísquio de cada vez do chão].

Mas o vento começou a soprar e o barco balançou mais forte, para lá e para cá, até que uma rajada de vento o fez rolar para a areia da praia. [deitar no chão com o corpo estendido e rolar lateralmente. Para evitar bagunça, digo às crianças para muda-

rem o lado do rolamento caso encontrem uma pessoa ou a parede!]
Na areia havia muitos grãos e um deles se chamava Godofredo. Vamos conhecê-lo?

Após essa atividade:
- Ouvir a história do Godofredo em "O grãozinho de areia", no CD *Giramundo* do grupo Girasonhos.
- Conversar sobre os personagens e os fatos contados. Perguntar às crianças como imaginam que seria o movimento de cada personagem.
- Experimentar com as crianças que elas fiquem encolhidas e pequeninas como um grão de areia e rolem nessa posição, imitando os grãozinhos correndo pela praia quando o vento sopra (como contado na história). Pedir para que elas girem como a Maria Estela, a estrela: com os dois pés e com um só.
- Ouvir a música "Trilhares", do grupo Palavra Cantada (CD *Canções Curiosas*), e fazer que as crianças percebam os momentos em que os cantores pronunciam as palavras areia e estrela.
- Ao som da música; pedir para que os pequenos andem ou dancem como quiserem e, ao ouvirem a palavra "estrela", realizem um giro e, ao ouvir a palavra "areia", abaixem encolhidos.

O jogo também lida com o imprevisível, com a possibilidade da criação e recriação com base em seu repertório; dessa forma, pode acontecer a improvisação.

IMPROVISAÇÃO

A palavra "improvisar", no *Michaelis moderno dicionário da língua portuguesa* (1998), significa compor, fazer ou produzir no momento, sem preparo prévio; armar, arranjar, organizar prontamente (aquilo que em geral requer tempo e preparação); fingir-se, mentir. E esses são realmente os sentidos que o verbo adota, no senso comum, em todas as suas esferas.

Lembro-me de um primeiro encontro com uma turma de crianças de 6 anos, no qual comentei que faríamos improvisações; prontamente uma criança revelou que sua mãe afirmou que improvisar era ruim, era fazer as coisas de qualquer jeito. Entretanto, quando relacionamos esse verbo à dança, surge outra conotação. Haselbach (1988) afirma que improvisar em dança é combinar e recombinar qualidades dinâmicas de movimento do corpo em ação, sob condições específicas antecipadas para esse fim ou decorrentes de um momento anterior de experimentação. Ou seja, é compor, rearranjar e mesclar movimentos do repertório motor baseados em algum tema, motivação, objeto, música, parceiro, entre outros. Essa combinação resulta, em alguns casos, na criação de novas formas gestuais, inéditas e inusitadas.

Para Saraiva-Kunz (1994), a improvisação permite o resgate de movimentos pertencentes ao repertório da pessoa, sejam eles do cotidiano, aprendidos em atividades físicas ou explorados em brincadeiras, em um novo espaço e/ou com diferentes estímulos. O sujeito tem a possibilidade de escolher seus movimentos conforme a situação e/ou suas preferências. Com isso, a forma do improvisar é sempre pessoal, dada por quem a executa.

Nesse sentido, a improvisação em dança se conecta ao jogo e amplia as noções corporais e espaciais, na medida em que proporciona o alargamento do repertório motor e possibilita a ampliação da consciência do corpo e da capacidade de criar por meio de uma intensa experimentação corporal.

Recomendado por Laban (1990) para a iniciação da criança no mundo da dança, a improvisação dirigida ou temática desvia-se dos tradicionais processos de ensino e aprendizagem, puramente técnicos e estereotipados, proporcionando o desenvolvimento da personalidade, conforme o sujeito escolhe seus movimentos, liberta o gesto e cria novos mundos. É o agir, sentir e pensar manifestando-se simultaneamente na expressão do corpo.

A possibilidade da expressão pessoal que a improvisação carrega oportuniza a ampliação das capacidades comunicativas do indivíduo e a compreensão e sensibilização da expressividade facial e corporal do outro, ações importantes para a promoção da interação social. Ademais, a improvisação traz o estilo de cada um e pode contribuir para a diferenciação eu-outro na educação infantil.

Outra questão significativa que o exercício da improvisação elenca é a possibilidade de o sujeito aprender a encontrar soluções e ultrapassar os condicionamentos, abrindo-se à liberdade de criar, entre as múltiplas possibilidades, novas poéticas.

> Aí está o potencial de ludicidade, no desafio ao corpo de mover-se na direção do novo, onde não há pontos de apoio, sem recorrer aos procedimentos habituais, permanecendo aberto para a incerteza do momento presente. (Martins *et al.*, 2010, p. 4)

A esse respeito, Ferreira (2009, p. 40) reflete que "improvisar é cultivar a espontaneidade", palavra que vem do latim *sponte* e significa "de livre vontade". A espontaneidade é a facilidade com que alguma ação é realizada naturalmente; é uma qualidade criadora e construtiva do ser humano, por meio da qual o sujeito é capaz de se adaptar às situações de maneira original.

Ao longo da vida, as formas sociais de ação e o excesso de competitividade nos ambientes educacionais e profissionais podem diminuir a espontaneidade e, possivelmente, a criatividade e a capacidade adaptativa. Nesse aspecto, vivências em improvisação podem contribuir com o resgate dos atos espontâneos.

O último ponto relevante a ser abordado é a necessidade de preparação para a improvisação, seja em aula ou em cena. É indispensável que o professor estimule cada pessoa a descobrir os movimentos que pode utilizar nas improvisações. Haselbach (1988) argumenta que o uso de materiais é uma estratégia interessante para atingir tal fim, embora não seja condição necessária.

Em relação à cena, é possível e interessante levar propostas de improvisação para apresentações; antes, porém, é desejável a consciência da dança como linguagem. O dançarino que improvisa em cena não pode se esquecer do público; necessita relacionar-se com ele o tempo todo, comunicar-se. Isso é um cuidado especial que temos de ter em relação às crianças, para que as improvisações não se transformem em exercícios de aula ou de vivência corporal.

Em minha experiência, as proposições mesclaram e alternaram imitação e improvisações dirigidas, baseadas em um jogo, uma história ou tema de movimento. Essa opção se deu pela necessidade de estimular na criança o conhecimento do corpo e os gestos e ampliar o repertório motor, enfatizando o prazer que pode ser dançar. Nesse contexto, iniciei o trabalho em dança pelas ações básicas do cotidiano: as ações corporais – rastejar, engatinhar, rolar, andar, correr, girar, saltar, entre outras –, com o objetivo de favorecer o reconhecimento e a conscientização das possibilidades de movimentação corporal que podem ser utilizadas nas improvisações. Além disso, as crianças tinham a oportunidade de escolher a ordem dos movimentos que iriam compor suas danças, bem como criar combinações relacionadas ao tema indicado.

Durante a aplicação da minha proposta em dança, a improvisação surgiu pela primeira vez no quarto encontro, como uma tentativa de combinação e recombinação dos movimentos de animais realizados em um faz de conta e pela possibilidade de inserção dos gestos de outros bichos que não foram citados na história. Nessa proposição, ao oferecer um tema motivador e um pequeno repertório motor para que as combinações pudessem ser realizadas, observei que a ação de improvisar foi vivenciada, ainda que de maneira inicial.

> **DICA:** improvisar não é muito fácil para nenhuma faixa etária. São necessários conhecimento e criatividade para reorganizar os elementos de um repertório que você já tem.
> Pense nos batuqueiros do maracatu ou nas *jam sessions* dos músicos de jazz; os grandes improvisadores são aqueles que conhecem bem o instrumento, as notas musicais, melodias, harmonias, entre outros elementos da música.
> Portanto, se você colocar uma música e falar para as crianças simplesmente dançarem, isso não significa que estão improvisando. Mexer o corpo de qualquer jeito sem saber o que está fazendo não é improvisar. Lembre-se de que ela precisa de elementos ou identificar os movimentos (mesmo que poucos) que podem compor sua improvisação, e nisso o jogo pode ser muito útil.
> Muitas vivências anteriormente sugeridas neste livro baseiam-se na improvisação, entretanto havia um tema ou uma inspiração para instigar o movimento e a expressão.

No encontro seguinte, a improvisação foi mais enfatizada, na medida em que sugeri que as crianças dançassem explorando as possibilidades das ações corporais (Capítulo 4) e organizando-as na ordem desejada. Durante essa intervenção, houve uma preocupação em propor tais ações de diferentes maneiras, para enriquecer as combinações; mas, apesar de insistir, as crianças não exploraram muitas possibilidades de movimentação. Notei que seria preciso apresentar as variações de cada ação corporal de maneira mais sistematizada para que elas pudessem incluí-las em suas danças.

Em relação a essa questão, ficou evidente a necessidade do repertório motor para improvisar. Observei que as opções de gestos das crianças eram poucas, por isso suas improvisações não foram diversificadas.

Alguns encontros adiante, e depois da proposição de imitações, apreciações de coreografias em vídeo e vivências que envolviam circuitos e colunas, os pequenos começaram a buscar mais variações de cada ação corporal, combinando-as com níveis, direções, partes do corpo, entre outros, deixando suas danças mais interessantes e diversificadas.

Nesse contexto, pude observar que muitos componentes vivenciados na imitação, como saltar e afastar as pernas no ar, andar com os calcanhares ou o balanço do barco, estavam brotando nas improvisações, revelando a possibilidade de recriação e a importância da imitação/modelo reelaborado para o enriquecimento do repertório motor.

Encontro após encontro, as improvisações foram revelando combinações curiosas e inusitadas, estimuladas pela vasta gama de experiências corporais que estavam sendo oferecidas às crianças.

Ao final do processo, notei uma situação interessante: em uma das vivências, ao sugerir que os pequenos dançassem, percebi que a informação "dançar" era muito vaga e as improvisações tornaram-se comuns, repetitivas e se esgotaram com facilidade. Contudo, quando ofereci um tema, como explorar as direções do espaço ou articulações, a informação foi rapidamente identificada e o improvisar se tornou motivador e inusitado.

> **VIVÊNCIA 8: Explorando a movimentação das articulações**
> Com ajuda de uma imagem, vídeo ou até mesmo um esqueleto de plástico, explique às crianças o que são articulações, onde ficam e seus nomes.
> Solicite que todas fiquem em pé e distribuídas pelo espaço (brinco dizendo que elas têm de se espalhar sem deixar espaços vazios).
> Dance explorando a movimentação das articulações (pescoço, ombros, cotovelos, punhos, quadril, joelhos, tornozelos, entre outras) em suas mais variadas possibilidades e peça às crianças que imitem seus movimentos.
> Em seguida, fale o nome de uma das articulações, e cada criança dança do seu jeito, enfatizando a parte falada. Troque frequentemente articulação solicitada. Por fim, sugira que cada uma crie sua dança, escolhendo e variando os movimentos das articulações.

APRECIAÇÃO ESTÉTICA

Pensando a dança como uma linguagem composta por signos que se combinam e recombinam para comunicar, é interessante oportunizar momentos nos quais as crianças possam visualizar a integração desses elementos para as composições cênicas (coreografias). Tais ações podem favorecer a compreensão da dança como linguagem artística e a ampliação do universo cultural das crianças, além de estimular a capacidade de observação. Para tal, o professor pode lançar mão de recursos multimídia como vídeos, convidar grupos para se apresentarem em sua escola ou levar as crianças para assistir a espetáculos de dança.

No caso da pesquisa que eu desenvolvi, exibi DVDs com apresentações de dança contemporânea, balé clássico, danças populares brasileiras, danças étnicas, sapateado, danças urbanas, musicais e danças de salão. Para cada apreciação havia um tema relacionado ao que eu estava propondo nos encontros dançantes com as crianças. Por exemplo, observamos o DVD *Milágrimas*, do Ivaldo Bertazzo, para compreender a estrutura de uma apresentação, o figurino, cabelo, cenário e, principalmente, como as ações corporais foram organizadas para compor a coreografia. Dessa forma, como a ênfase da apreciação estava nas ações corporais e suas possibilidades de variação e combinação, escolhi a cena "Milagre", na qual tais aspectos sobressaíam.

Além dessa experiência, assistimos à coreografia "Flocos de Neve", do DVD *O quebra-nozes*, interpretado pelo Kirov Ballet, para visualizar os movimentos em peso leve (Capítulo 4). Os pequenos desconheciam os balés de repertório e realizaram diversas comparações com a coreografia "Milagre", do DVD *Milágrimas*, questionando a estrutura das apresentações em dança, entre elas o cenário, o figurino e a iluminação. Aproveitei a ocasião para comentar sobre os significados de alguns códigos presentes nessa dança, como a mímica, a magia, o mundo dos sonhos e a relação com o peso leve.

Para a identificação de como os movimentos das articulações poderiam compor uma dança, mostrei trechos do DVD do musical *Cats*. As crianças gostaram tanto que me pediram para assistir um pouco mais e imitar os gatos. Percebendo a necessidade da imitação, reservei um momento do nosso encontro para que isso acontecesse. Essa situação me fez refletir sobre a apreciação estética como uma referência, um modelo, uma vez que as crianças experimentaram em seus corpos movimentos novos de maneira reelaborada.

E, assim, muitas outras coreografias em vídeo foram apreciadas; uma proposta que enfatizou a relação entre palco e plateia, entre o dançar e o apreciar. Notei que o vídeo auxiliou a visualização de como os movimentos podem ser organizados e combinados para a realização de uma dança e possibilitou a introdução das crianças no universo da apreciação estética e das apresentações artísticas.

A oportunidade de fruir diversos gêneros de dança oferecidos ao longo dos encontros objetivou apresentar a diversidade dessa linguagem artística. Tais ações, caso continuassem a ser exploradas com as crianças, poderiam, no futuro, estimular a compreensão das diferentes formas de expressão.

Segundo Vieira (2011, p. 10):

> estas reflexões sugerem que nós, professores de dança, devemos considerar a inclusão da educação estética na nossa práxis, pois ela desvela estes mundos até então ignorados ou pouco conhecidos, formas de expressão "estranhas" e "extraordinárias".

Além disso, tal iniciativa procurou estimular uma fruição para além do senso comum e proporcionou "uma visão artística e educacional da dança na escola, contextualizando-a como manifestação cultural presente na sociedade" (Godoy, 2010, p. 50).

Nesse contexto, Vieira *et al.* (2012, p. 7) ainda refletem que

> um curso ou disciplina da arte que não trabalhe com a educação estética é incompleto, detentor e mantenedor de uma visão estreita em relação a esta área, pois minimiza o refinamento do senso crítico e a formação dos significados [...]. A educação estética que alia criticidade com criatividade, sensibilidade e imaginação possibilita ao sujeito ampliar suas poéticas e seus sentidos, além de oferecer condições para se refletir e discriminar aspectos diferenciadores da própria arte. O aluno se apropria não somente de uma ou duas técnicas ou vocabulários do fazer artístico, mas sim, da própria produção e reflexão acerca da arte.

É claro que, quando nos referimos às crianças da educação infantil, a educação estética vem com o papel de despertar, favorecer e sensibilizar para o novo por meio do lúdico, do prazer e da curiosidade. Se esse trabalho for incentivado por todo o período de educação formal, será possível oportunizar a ampliação dos sentidos, a capacidade de reflexão e criticidade, como os autores mencionam acima.

Além da experiência de apreciar coreografias de renomados artistas da dança, as crianças vivenciaram a possibilidade de serem apreciadas. Essa experiência ocorreu, pela primeira vez, de maneira mais sistematizada, nos últimos cinco encontros, nos quais elas se apresentaram para seus colegas de turma. Em todos os encontros, eu propunha que se apresentassem para mim, entretanto meus olhares eram rotineiros; expor-se aos colegas foi um desafio.

Essa atividade procurou despertar um princípio de construção da cena, com início e fim, destacando a relação de comunicação entre dançarino e público; uma busca pela dança como linguagem artística com elementos que signifiquem algo para alguém (Marques, 2010). Houve também um estímulo para a apreciação estética, que envolveu a contemplação e o papel ativo do espectador com um

> olhar que compreende e incorpora a diversidade de expressões e que reconhece as individualidades. Essa fruição enriquece a criatividade e a imaginação. Os Parâmetros Curriculares Nacionais referem-se ao conhecimento artístico como produção e fruição. (Matthes, 2010, p. 132)

4
Trajetórias do corpo no espaço

> A dança é a expressão corporal da poesia latente em todo ser humano.
> (Patricia Stokoe)

Com o propósito de identificar uma possibilidade de dança que dialogue com as características do universo infantil, apresento os elementos que a compõem recorrendo aos estudos de Rudolf Laban (1978, 1990) e a seus interlocutores brasileiros, Isabel Marques, Lenira Rengel e Kathya Godoy, e a autores de outras áreas do conhecimento para enriquecer cada conceito, uma vez que a dança na contemporaneidade é marcada pela miscigenação de gêneros e pelo diálogo com outras artes.

Para Laban (1990), a dança voltada à educação tem como objetivo preservar a espontaneidade do movimento, enfatizar a expressividade e integrar o conhecimento intelectual com a habilidade criativa, sem padrões de movimento ou de corpo. O autor afirma que, nas "escolas onde se fomenta a educação artística, o que se procura não é a perfeição ou a criação e execução de danças sensacionais, mas o efeito benéfico que a atividade criativa da dança tem sobre o aluno" (1990, p. 18).

No entanto, Laban não se preocupou em desenhar caminhos para sistematizar uma proposta de ensino e aprendizagem em dança (Marques, 2010); seus estudos têm um caráter prático variado, possível de ser aplicado a diferentes faixas etárias. Sua teoria pode ser aproximada dos pressupostos e estratégias evidenciados nos capítulos anteriores, pois objetiva a consciência corporal e a ampliação do repertório motor, em uma possibilidade de explorar, conhecer, sentir e expressar seu eu na qualidade de dança, uma vez que a padronização, a cópia e a mecanização de movimentos "não permitem que o indivíduo descubra seu vocabulário pessoal de movimento" (Laban *apud* Marques, 1999, p. 82). Dessa forma, será possível observar, ao longo deste capítulo, que os elementos da dança estão intimamente articulados com os pressupostos e as estratégias elencados anteriormente.

Exponho aqui, então, os quatro elementos da dança:

CORPO   MOVIMENTO EXPRESSIVO   ESPAÇO   RITMO

CORPO

Segundo Kathya Godoy (2011, p. 23), "quando criamos e nos expressamos por meio da dança, executamos e interpretamos seus ritmos e formas, usando dois elementos essenciais [e indissociáveis] – o corpo e o movimento".

Mas, além da indissociabilidade entre eles, acredito no sujeito integral, organicamente social, revelado no início do Capítulo 2 deste livro. Dessa forma, sempre que me refiro ao corpo e ao movimento, estão presentes, inerentemente, os aspectos cognitivos, sociais, culturais e afetivos. Não há um somatório, tampouco uma divisão, mas um fenômeno uno.

Que dança é essa?

Desse modo, inicio este subitem inspirada pelo seguinte pensamento:

> Sim, urge (re)encontrar a unidade a todo custo e enquanto é tempo! Reencontrar a unidade que seja simultaneamente homem em movimento e movimento humano, homem corporal e corpo humano, homem que seja corpo, em um corpo que seja homem, isto é, que seja corpo com pés, mãos e cabeça; corpo que seja sempre uma mentalidade concreta em situação. Um corpo e as suas circunstâncias. (Fonseca; Mendes, 1987, p. 13)

O corpo é uma figura tridimensional (Godoy, 2007, 2011), composta de ossos, músculos, ligamentos, tendões e articulações que produzem o movimento. É envolto pela pele, um órgão responsável pela comunicação entre o ambiente externo e o interno, que auxilia o sujeito a perceber o que pertence a si e o que são as outras pessoas ou objetos.

Para a dança, é essencial a compreensão e a percepção da estrutura do corpo e do movimento. Reconhecendo tal importância, Laban (1990) colocou a *consciência do corpo* como seu primeiro tema de movimento[6]. De acordo com Rengel (2005), são 16 os temas de movimento, e cada um deles trata de um conceito ou de uma ideia para estimular a ação. Um é sempre desenvolvimento do(s) outro(s), correspondendo a uma progressão da sensação e compreensão dos gestos. O tema de movimento I trata da conscientização para as diversas possibilidades de utilização do corpo e

---

[6]. Tema de movimento é uma terminologia de Laban apresentada em seu livro *Dança educativa moderna* (1990). Para saber mais, leia os livros de Lenira Peral Rengel, *Dicionário Laban* e *Os temas de movimento de Rudolf Laban: modos de aplicação e referências* I, II, III, IV, V, VI, VII e VIII, publicados pela editora Annablume.

de suas partes para dançar, e pode ser ampliado pelo conceito de noção do corpo, visto no Capítulo 2.

Nesse momento, revelo os aspectos – com sugestões e ideias de vivências em dança – que irão compor o elemento *corpo*:

- **Ações corporais:** segundo Valerie Preston-Dunlop (1989 *apud* Marques, 2000), são compostas por 12 unidades básicas: deslocar, parar, saltar, girar, torcer, transferir peso, gesticular, encolher, esticar, cair, inclinar e se movimentar. Entretanto, Rengel (2008) amplia as opções acrescentando andar, rolar, engatinhar, sentar, arrastar, dobrar, deitar e tantas outras possibilidades de se movimentar.

Proponho estimular a dança por meio desse aspecto, combinando movimentos básicos do cotidiano em que o corpo todo participa da ação.

> **DICA:** a Vivência 7 ("A linda flor", descrita no Capítulo 3) favorece a vivência das ações corporais encolher e rolar (do grão de areia) e girar (da estrela).
>
> Ademais, também comentei sobre a imitação de animais. Essas proposições, além de lúdicas, são excelentes oportunidades para a ampliação das ações corporais, pois envolvem rastejar, rolar, balançar, engatinhar, quadrupedar, andar, saltitar, chacoalhar, entre outras.
>
> Sugira às crianças, após essas proposições, que incluam tais ações corporais em suas improvisações.

> **VIVÊNCIA 9: Variando as ações corporais**
>
> Organize um circuito lúdico com bambolês e tecidos. Proponha às crianças andar para a frente, para trás, de lado, com os joelhos semiflexionados (no plié), apoiando apenas os calcanhares e na meia-ponta; correr, correr batendo o pé no bumbum e elevando o joelho, saltar com os dois pés, com um pé, afastando as pernas no ar, pulando amarelinha e tantas outras possibilidades dessas habilidades motoras gerais e básicas.

Umas dessas estações do circuito pode ser a "máquina de panqueca". Coloque a criança deitada em um lençol ou uma colcha de solteiro limpa. Peça para ela rolar com o corpo estendido e vá enrolando-a no tecido (ela vai parecer uma panqueca quando terminar). Pergunte o recheio dessa panqueca. Segure nas pontas do tecido que ficaram por último e diga: "Saindo uma panqueca de queijo" e, com cuidado, faça a criança desenrolar da manta puxando as pontas. Elas morrem de rir, e você está mediando a ação corporal de rolar.

Assim que ela sair da "máquina de panqueca", ela pode rolar de formas diferentes em cima de colchonetes, tules e outros materiais sensoriais (isso estimula a exterocepção e a noção corporal).

Após essas explorações de movimentos, explique aos pequenos que isso se chama ações corporais e proponha que eles dancem combinando e variando as ações que foram mediadas na vivência. Peça que se espalhem pelo espaço e escolham uma pose para iniciar a dança. Peça uma ação corporal (por exemplo, saltar) e, durante oito tempos musicais, eles deverão improvisar todas as formas de saltar que você propôs e outras que eles conseguirem criar. Em seguida, sugira outra ação, como girar, e o mesmo procedimento deverá ser realizado; e assim por diante.

Para finalizar, diga que você não irá mais pedir a ação corporal, agora eles dançarão utilizando as ações na ordem que lembrarem e desejarem.

- **Corpo em deslocamento e imobilidade:** é o fluxo do movimento[7] e sua interrupção. Pode ser desenvolvido por meio do jogo da estátua, no qual a criança dança utilizando as ações corporais e, quando a música para de tocar, ela sustenta uma pausa. Pode-se propor paradas bruscas, rápidas e permanências sustentadas (Rengel, 2008).

---

7. Fluxo do movimento é a conexão de ações, a sucessão de um movimento para outro (Rengel, 2005).

> **DICA:** o jogo da estátua pode apresentar outras variações, como: dançar sem música e ficar imóvel quando a música tocar; parar quando um colega te tocar; parar quando você desejar e só voltar a dançar quando um amigo imitar sua pose; entre outros.
>
> Além disso, você pode sugerir que, nesse jogo da estátua, as crianças dancem explorando o balançar, girar e torcer, por exemplo. Isso auxilia os pequenos a perceberem os movimentos que podem utilizar nos momentos de improvisação.

- **Ênfase nas partes do corpo:** refere-se à utilização visualmente enfática de uma ou mais partes corporais durante a dança. As vivências nesse aspecto podem explorar os movimentos das articulações e partes do corpo, fazendo-as se aproximarem e se afastarem.
- **Liderar o movimento com uma parte do corpo:** é a realização da ação impulsionada por uma parte do corpo. Pode ser vivenciada com uma parte corporal "empurrando" ou "puxando" a outra para estimular a dança.
- **Partes em contato:** é a produção de movimentos dançantes com duas partes do corpo unidas ou com uma parte "colada" no ambiente, como na parede, no chão ou em uma cadeira.
- **Contato improvisação:** trata-se de uma técnica de dança criada e desenvolvida no início dos anos 1970, nos Estados Unidos, por Steven Paxton (Neder, 2005). Essa técnica se baseia no toque e na expansão das percepções sobre o próprio corpo e o do outro para o desenvolvimento de um diálogo corporal profundo e espontâneo. Por meio dela, duas ou mais pessoas exploram seus apoios no parceiro e no solo como base para a improvisação. O seu foco está no aumento das possibilidades do sentido tátil como orientador do movimento e potencializador da comunicação do corpo, em um encontro sensível entre o eu e o outro.

> **VIVÊNCIA 10: Boneco articulado**
> Em duplas, em que uma criança é o boneco e a outra é o condutor. Com uma ou duas linhas imaginárias, como uma marionete, o condutor faz o boneco mexer as partes do corpo ao som de uma música. Inverta os papéis.
> Dependendo da idade das crianças do seu grupo e do tempo no qual você está mediando vivências de dança com elas, você pode sugerir que façam uma pequena composição coreográfica utilizando os movimentos descobertos nesse jogo.
> Peça para cada criança indicar os dois gestos que mais gostou de realizar e ensiná-los aos demais. Em seguida outra criança mostra e ensina, e você vai organizando e mediando, até surgir uma pequena coreografia.

Nesse momento, é relevante destacar que o toque e as sensações estimuladas pelo tato instigam a exterocepção, a reorganização da postura e a percepção da localização das partes do corpo, ou seja, a propriocepção. Com isso, podem favorecer ampliação do esquema e da imagem corporal. Nesse sentido, Ferreira (2009) pondera que o contato com a pele é, em grande parte, responsável pela percepção de si.

As crianças, na educação infantil, ainda não estão tolhidas pelas formas sociais de ação em relação ao toque e são puro afeto e "com-tato". É possível experimentar com os pequenos alguns princípios do contato improvisação em uma espécie de introdução à técnica, como rolar um sobre o outro, deslizar partes do seu corpo sobre o corpo do outro, entre outros.

Em minha experiência profissional, percebi que, após a realização de algumas dessas vivências, a relação entre as crianças se modifica: elas se abraçam mais, tornam-se mais íntimas, companheiras, tocam mais o(a) professor(a) e, a qualquer pausa na aula, estão "uma sobre a outra".

Como os pequenos participantes de minha pesquisa e do projeto-piloto poderiam ter experiências diferentes em relação ao contato físico, optei por iniciar a estimulação tátil por meio de objetos, para depois propormos o toque. Além disso, a organização das vivências se deu primeiramente em atividades individuais, nas quais cada criança se massageava, para, posteriormente, tocar o outro.

Afora a questão do toque, o contato improvisação promove a interação social, estimula o desenvolvimento da noção do corpo e favorece a diferenciação eu-outro na educação infantil, pontos elencados nos capítulos anteriores.

DICA: todos os aspectos que envolvem o elemento da dança *corpo* podem ser aproximados e relacionados à educação somática. Nesse sentido, vale a pena conhecer os estudos de Klauss Vianna, Ivaldo Bertazzo, Feldenkrais, entre outros.

VIVÊNCIA 11: Levando o amigo para passear
Sugira que as crianças caminhem ocupando os espaços vazios. Em seguida, peça que caminhem olhando os amigos e observando os detalhes dos outros e, depois, que andem ao lado de alguém (sem condutor).
■ Iniciação a movimentos adaptados do contato improvisação: em duplas e divididos em números 1 e 2. O número 1 encosta uma articulação em uma parte do corpo do número 2 e "leva-o para passear" dessa forma. Inverta a criança que "leva para passear". Repita a atividade diversas vezes mudando a parte em contato.
■ Conexão: ainda organizados em números 1 e 2, as crianças devem conduzir o colega pelo espaço, mudando a conexão entre as parte do corpo várias vezes no mesmo "passeio". Inverta a condução.

- **Estrutura corporal:** refere-se ao conhecimento dos ossos, à identificação das principais articulações, à nomeação das partes corporais em si e no outro, ao reconhecimento do tamanho do corpo e à ampliação da percepção tátil (pele).

É importante frisar que o movimento realizado por toda a estrutura corporal não é apenas um deslocamento no espaço, nem uma adição simples de contrações musculares. Wallon afirma que o ato motor é o deslocamento de uma carga afetiva; em outras palavras, ele pode ser expressivo. Por meio da ação, a pessoa se relaciona "consigo mesma, com os outros e com o meio, na qual são construídos e expressos conhecimentos e valores" (Placco, 2009, p. 10).

Isso traz à tona o segundo elemento da dança para crianças pequenas: o movimento expressivo.

MOVIMENTO EXPRESSIVO

Partindo da certeza de que o homem se movimenta a fim de satisfazer uma necessidade, Laban (1978) identificou dois tipos de ações motoras:

1. Tangíveis: as que podem ser vistas projetadas no espaço.
2. Intangíveis: pequenos movimentos musculares que envolvem as posturas, as gesticulações, o modo de andar e as expressões faciais e corporais que oferecem fortes e frequentes contrastes ao rosto e ao corpo. Laban (1978, p. 20) percebeu que essas ações possuem um grande valor comunicativo e que

> [...] o movimento, portanto, revela evidentemente muitas coisas diferentes. É o resultado, ou a busca de um objeto dotado de valor, ou de uma condição mental. Suas formas e ritmos mostram a atitude da pessoa que se move numa determinada situação. Pode tanto caracterizar um estado de espírito e uma reação, como atributos mais constantes da personali-

dade. O movimento pode ser influenciado pelo meio ambiente do ser que se move. É assim que, por exemplo, o meio no qual ocorre uma ação dará um colorido particular aos movimentos.

Diante da expressividade que a ação pode revelar, apresento os aspectos que compõem o elemento *movimento expressivo*:

- **Peso:** é um dos fatores de movimento da teoria de Laban e pretende transmitir a intenção do sujeito na ação. Tem duas qualidades básicas: leve e firme. Os movimentos leves necessitam de uma menor força em sua execução e relevam suavidade e leveza, pois resistem pouco ao ar, aos objetos e às pessoas. O peso firme é o oposto, requer maior grau de contração muscular para o movimento acontecer (Rengel, 2005). Com crianças pequenas podemos oportunizar a vivência dessas duas qualidades de movimento sugerindo que elas imitem uma pluma, uma folha ao vento ou uma nuvem (peso leve), ou que representem estar empurrando com diferentes partes do corpo uma caixa bem pesada (peso firme).
- **Tônus:** é o estado de tensão da musculatura, a força envolvida no movimento. Na vivência do peso leve, utiliza-se menor tônus (hipotônus); já no peso firme, a tensão é aumentada (hipertônus).

Esse conceito pode ser ampliado por meio dos estudos de Wallon, que nomeou de "função tônica" a capacidade de graduação da contração muscular. Essa função é suporte do movimento e responsável pelas atitudes e mímicas expressivas, dando ao músculo um grau de consistência e forma determinadas.

> Sua origem está na variação das emoções e os deslocamentos provocados ficam num nível músculo-cutâneo. Ou seja, há apenas

mudanças visíveis na plástica da musculatura corporal, sem provocações de mudanças do corpo no tempo e no espaço. (Limongelli, 2004, p. 53)

Podemos dizer que o tônus materializa as emoções e esculpe o corpo, dando-lhe um aspecto em que é capaz de comunicar ao meio que tipo de emoção o sujeito está vivendo (Duarte; Gulassa, 2009).
Oportunizar a vivência das variações de tônus é necessário para a consciência do movimento e ampliação da expressividade, uma vez que o tônus é suporte da ação e auxilia na significação da intenção dos movimentos visíveis às pessoas, gerando a linguagem comunicativa do corpo (Godoy, 2007).

VIVÊNCIA 12: Bexigas
- Entregue uma bexiga para cada criança e peça que elas a encham (ajude, caso necessário).
- Sugira que as crianças explorem o material, brincando como quiserem, e, em seguida, que batam na bexiga nas partes do corpo solicitadas por você (procure pensar em regiões inusitadas, como barriga, punho, ponta do dedo mínimo, calcanhar, entre outras).
- Solicite que conduzam e equilibrem a bexiga levemente com diferentes regiões corporais.
- Peça que deixem a bexiga "passear", deslizar por todo o corpo com gestos leves, evitando que ela quique.
- Explique o conceito de peso leve.

Encerramento: dançando
- Sugira que dancem com a bexiga utilizando um tônus reduzido (em peso leve), passando-a pelo corpo e conduzindo-a.
- Em seguida, repita a proposta, mas sem a bexiga. Diga para dançarem em peso leve como se a bexiga ainda estivesse com cada um, utilizando os movimentos descobertos e explorados nas vivências anteriores – uma espécie de bexiga imaginária.

DICA: é possível estimular a percepção tônica solicitando que imitem um sorvete derretendo, um soldadinho de chumbo, um boneco de molas, ou brinquem de duro ou mole.
Mas, atenção: é importante estimular o equilíbrio dos opostos, ou seja, vivenciar ambas as possibilidades de tônus.

- **Apoios:** são as bases de sustentação do corpo. Ao se deslocar no espaço, o sujeito transfere o peso do corpo e muda os apoios. Sugira às crianças que se deitem ou levantem explorando os diferentes apoios no chão. Saliente tal aspecto. O contato improvisação é outra possibilidade de prática, uma vez que utiliza peso, apoios e transferências.
- **Equilíbrio:** trata-se de um estado corporal em que atuam forças iguais e contrárias, de resultante nula. A transferência de peso e as mudanças de apoios estimulam o equilíbrio, assim como os ajustamentos posturais tônicos e a percepção do eixo corporal.

Há três tipos de equilíbrio: estático (inibição voluntária do movimento); dinâmico (controle do corpo em situação de deslocamento no espaço); recuperado (estabilização após os saltos).

VIVÊNCIA 13: Estátua apoiada
■ Explique o que são apoios.
■ Peça que as crianças caminhem pela quadra ou sala preenchendo os espaços vazios. Quando a música parar de tocar, sugira um número de apoios para as crianças experimentarem (adaptação do jogo estátua). Repita diversas vezes mudando a quantidade de apoios.
■ Solicite que dancem utilizando as ações corporais e, na pausa da música, anuncie um número de apoios para ser experimentado. É a mesma proposição, mas dançando e utilizando as articulações.

> **VIVÊNCIA 14: Não pode cair!**
> ■ Cada criança deve caminhar pela quadra com um pedacinho de EVA na cabeça, evitando deixá-lo cair. Caminhar de frente, de lado, de costas, girar, andar nas linhas da quadra e andar bem devagar até parar.
> ■ Proponha diversas posições em equilíbrios estáticos com um ou dois pés apoiados no chão, desafiando as crianças a manterem o EVA sobre a cabeça. Em seguida, peça para caminharem novamente pela quadra e, quando cada criança desejar, realizar um equilíbrio.

- **Postura:** "é o posicionamento do corpo estático ou durante a execução de um movimento" (Mattos; Neira, 2004, p. 29). É possível vivenciar esse aspecto explorando as inúmeras possibilidades de posicionamento corporal, como deitado, sentado, em pé, inclinado, invertido, ereto, entre outros. Tais percepções podem estimular também o controle de tônus, o equilíbrio e os apoios.

As experimentações do eixo corporal que envolvem os aspectos da dança acima citados estimulam a percepção dos lados do corpo (direita e esquerda), das direções (em cima, embaixo, frente e trás) e dos contornos (formas posturais) que esse corpo pode assumir, surgindo, assim, o terceiro elemento da dança: o espaço.

ESPAÇO

O corpo dançante é rodeado pelo espaço; constrói e dialoga com ele. Os movimentos se deslocam por ele e produzem novos lugares. Nesse sentido, "o espaço é o elemento no qual se corporifica a dança" (Godoy, 2011, p. 23), e se configura como um dos fatores de movimento nos estudos de Rudolf Laban. Segundo o estudioso, nesse fator há uma tendência a "orientar-se a si próprio e a de descobrir um relacionamento com um objeto de interesse" (Laban, 1978, p. 185) ou um parceiro, seja de modo direto e imediato, seja de maneira cautelosa e flexível.

O movimento direto é definido pela manutenção "retilínea da concentração visual" (Rengel, 2005, p. 66). Sua atenção é mantida em um local específico de chegada. Já o movimento flexível é multifocal e a concentração visual ocorre por todo o espaço. Nessa qualidade, as partes corporais podem ir, ao mesmo tempo, para diversos pontos no espaço, transmitindo a sensação de o corpo estar em todos os lugares (Rengel, 2008).

Nesse aspecto, o espaço possibilita ao sujeito se relacionar consigo, com o outro e com o mundo à sua volta. Tal característica pode ser aproveitada para estimular a interação social entre as crianças pequenas.

> **VIVÊNCIA 15: Como um detetive!**
> *Vou transformar vocês em detetives!*
> *Quem sabe o que ele faz?*
> ■ Solicite que todos caminhem prestando atenção no espaço e nos objetos que lá estão ou pertencem a ele.
> ■ Diga para investigarem a sala ou quadra com um "binóculo" (rolinho de papel higiênico encapado com papel colorido). Peça para olharem os detalhes e procurarem coisas que nunca haviam sido percebidas.
> ■ Mostre como medir o espaço com passos largos, curtos, com saltitos e outras ideias que surgirem das crianças.
> ■ Oriente-os a caminhar de um ponto a outro do espaço: esses pontos são as referências espaciais que mais chamaram a atenção de cada criança ao descobrir os detalhes do ambiente.

- Sugira diferentes "andares" e diferentes corridas para esse deslocamento de um ponto a outro.
- Explique o que são "espaços vazios" (lugares onde não há objetos ou pessoas) para estimular a distribuição homogênea das crianças: você pode usar a imagem de uma bandeja de garçom com os copos bem organizados para que ela não caia.
- Peça para que eles andem procurando esses espaços vazios, preenchendo-os.
- Eles devem repetir a exploração e preenchimento dos espaços vazios, mas agora usando diferentes maneiras de deslocamento. Por exemplo, sugira que saltem, como um sapo, coelho, canguru, saci, batendo o pé no bumbum. Depois, cada criança escolhe sua maneira de se deslocar.

Agora todo mundo vai virar um avião.
- *Voe sem encostar asa com asa*. Indique para que andem com os braços abertos sem esbarrar no colega.
- *Encoste a pontinha da asa com outro avião*. Devem andar com os braços abertos, encostando a pontinha dos dedos nos dedos dos amigos.
- *Encoste asa com asa e gire*. Peça que olhem nos olhos do amigo enquanto giram com as mãos em contato.
- *Um avião vai seguir o outro*. Diga para seguirem alguém de longe, depois de perto e, em seguida, passando entre duas pessoas.
- Converse sobre o espaço que precisamos ter para nos movimentar sem esbarrar no colega. Sugira que não fiquem juntos ou muito próximos ao dançar, pois é preciso espaço para se expressar.

ATENÇÃO: essas experiências têm o objetivo de vivenciar o espaço amplo, as distâncias, as direções, o espaço social (na medida em que se relacionam com o outro) e a cinesfera (ao compreender a extensão máxima que os braços podem alcançar).

O espaço pode ser aproximado do conceito de estruturação espacial, uma vez que envolve o conhecimento do meio físico e social por meio do movimento. É composto pelos seguintes aspectos:
- **Espaço amplo:** é o ambiente, o espaço físico geral.
- **Distância:** refere-se à localização do corpo no espaço envolvendo as noções de perto e longe (Fonseca, 1995).
- **Espaço social:** constitui as relações espaciais estabelecidas nos movimentos em grupo (Stokoe; Harf, 1987), caracterizado por locais de relações interpessoais, pontos de encontro.
- **Cinesfera:** é o espaço pessoal; uma esfera imaginada por Laban que envolve o corpo, onde acontece o movimento (Siqueira, 2006).

A extensão máxima da cinesfera pode ser atingida alongando-se as extremidades dos membros superiores e inferiores sem mudar a postura, isto é, o lugar de apoio (Godoy, 2007).

Para onde quer que o corpo se movimente, ele leva consigo a cinesfera, nunca saindo dela (Lobo; Navas, 2003). Além disso, o movimento nesse espaço pessoal pode explorar diferentes direções, níveis, planos, tensões espaciais, distâncias, formas e progressões, de acordo com aquilo que o sujeito vive, pensa e deseja expressar e comunicar por meio da dança (Godoy, 2007).

> **VIVÊNCIA 16: Siga o mestre**
> ■ Em trios e organizados em colunas de três a quatro crianças (não faça colunas muito grandes, para que os pequenos aproveitem melhor a vivência), eles podem jogar siga o mestre: o primeiro da coluna é o mestre e os demais devem imitá-lo.
> ■ Explique o conceito de progressão e solicite que o mestre dance percorrendo diferentes caminhos.
> ■ Para estimular a variação das progressões, costumo elaborar quatro cartões com linhas desenhadas: retilínea, zigue-zague, ondular e circular.
> ■ Mostre um cartão para inspirar o percurso do mestre.
> ■ Alterne o mestre e o cartão.

> **DICA:** dependendo da história com a qual estou mediando as proposições em dança, transformo o jogo siga o mestre em locomotiva e vagão. Uma vez continuei a imagem do detetive da Vivência 15 e contei que ele precisava pegar um trem, como mote para a atividade.

- **Direções:** são as relações primárias de orientação no meio físico envolvendo esquerda e direita, frente e trás, em cima e embaixo.
- **Progressão no espaço:** é o deslocamento do ponto de apoio do corpo em diferentes trajetórias – linha reta, circular, zigue-zague, entre outras – promovendo desenhos no solo (Laban, 1978).
- **Níveis:** trata-se da altura no espaço em que as ações acontecem. São classificados em alto, médio e baixo.

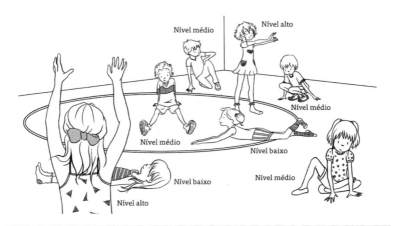

> **DICA:** as vivências 4 ("O espelho do contra") e 6 ("Vivo, morto e enterrado") são boas opções para oportunizar a experiência dos níveis.

- **Projeção:** é a irradiação de uma parte do corpo ou do olhar "em direção ao espaço, percebendo-se uma linha que aponta para uma direção" (Lobo; Navas, 2003, p. 163).

- **Forma:** é o desenho, contorno que o corpo assume ao se movimentar.

tura, largura e profundidade. Laban (*apud* Rengel, 2005) denominou esses planos porta, mesa e roda. O plano da porta combina as dimensões de altura e largura; o plano da mesa, largura e profundidade; e o plano da roda, profundidade e altura.

- **Tensões espaciais:** são os espaços vazios existentes entre duas partes do corpo do mesmo sujeito, entre dois sujeitos e entre o corpo e o ambiente. As tensões podem ser "preenchidas" pelo corpo de outro ou por objetos (Marques, 2000).

VIVÊNCIA 17: Olhares (projeção)
- Peça ao grupo para andar espontaneamente observando os detalhes do espaço.
- Diga para escolherem um ponto e caminhar até ele, olhando-o fixamente. Ao chegarem, oriente-os a escolher um novo referencial.
- Repita a proposta acrescentando gestos ao deslocamento.

Para auxiliar as crianças, sugiro duas ações corporais a ser evidenciadas em dado momento; depois, dê ênfase no peso leve ou nas partes do corpo.

- Peça para que retomem o andar espontâneo e observem as pessoas. Em seguida, dê a seguintes orientações a eles:

1. *Quando você olhar nos olhos do amigo e ele olhar para os seus* [cruzar o olhar], *sorria e, depois, acene.*
2. *Quando seus olhares se encontrarem, desvie-os realizando um movimento.*
3. *Permaneça olhando fixamente nos olhos de um amigo e caminhe pelo espaço, evitando trombar com outras pessoas.*

- Faça novamente a mesma proposta, mas, dessa vez, solicite que dancem.
- Sugira que explorem as distâncias e direções, aproximando-se, afastando-se com uma criança indo para a direita e a outra, para a esquerda.

Sequência didática
Tema: formas e planos.
Objetivo: percepção e reconhecimento das formas e dos planos.

Roda de conversa: recordando
- Relembre às crianças os conceitos vivenciados em atividades anteriores.
- Revele que hoje elas serão transformadas em um pacote de argila e perguntar se conhecem esse material.

Sensibilização: modelar e remodelar
- Conte a história da argila:

Era uma vez uma argila que desejava muito se tornar uma linda escultura. Ela admirava as belas obras de arte que o escultor fazia e vivia ansiosa pelo dia em que ele a transformaria em uma delas. Mas esse dia nunca chegava! Então, cheia de uma enorme força de vontade, ela começou a se mexer, a fazer pequenos movimentos e a se modelar. Fez a mão, dedos, unhas, nariz, bochecha, até modelar o corpo todo. Ela virou um corpinho!

- Reproduza em gestos as partes da história, massageando o corpo para "modelar" a argila.

Formas e planos: continuação da história

Mas ela queria ser uma bela escultura. Assim, começou a se mexer, a se apertar, apertar, até virar uma bola. Depois se esticou, bem fininha e bem comprida, como uma agulha. Em seguida se esparramou como uma parede e se torceu como um parafuso. Cada vez que ela realizava uma dessas formas, fazia de um jeito diferente.

- Explique essas quatro formas (bola, agulha, parede e parafuso) e estimule as diversas possibilidades de realizá-las com o corpo.

Sem parar, a argila passava de uma forma à outra, até começar a experimentar ser diversas estátuas. Mas ela não gostava de nenhuma.

- Sugira que as crianças transitem entre as quatro formas e, quando desejarem, parem em uma "escultura". Repita algumas vezes.

De repente, a argila começou a perder água e ficou grudando nas outras [iniciação ao contato improvisação]. *O escultor chegou e, vendo a tentativa da argila, colocou água e começou a modelá-la.*

- Em duplas, as crianças modelam umas as outras e dançam naquela forma modelada.

Encerramento: a chegada do pintor
- Continue a história:

O escultor finalizou sua obra e convidou o pintor a colori-la.

- Utilize tecidos coloridos para representar os pincéis. As crianças podem dançar imitando o(a) professor(a), utilizando os planos, e, depois, improvisar com o material, "desenhando" no espaço.

> **VIVÊNCIA 18: Buracos**
> - Explique o conceito de tensões espaciais, exemplificando-o.
> - Entregue um pedaço de elástico de aproximadamente 45 cm de comprimento e 3 cm de largura para cada criança e sugira que elas explorem o material, formando tensões espaciais.
> - Peça que deem sequência aos movimentos, que não parem em poses.
> - Depois, em pares, uma criança elabora uma pose enfatizando as tensões espaciais e a outra preenche o espaço criado utilizando o elástico ou uma parte do corpo. Inverta a ação de cada criança da dupla diversas vezes.
> - Ambas devem se movimentar ao mesmo tempo, formando e completando as tensões espaciais.
>
> **Encerramento: dançando**
> - Diga para as crianças dançarem sem o elástico, enfatizando as tensões espaciais, combinando-as a aspectos da dança explorados em atividades anteriores (níveis, partes do corpo, ações corporais).

Nesse momento, faz-se interessante revelar que, quando uma pessoa se orienta no espaço, concomitantemente ela é influenciada pela dimensão do tempo, ou seja, percorrer uma distância, por exemplo, pressupõe um deslocamento no espaço e um tempo de realização. Além disso, os movimentos que dialogam com o espaço, em dança, geralmente são ritmados. O ritmo "está presente em tudo que existe; é o impulso, uma força que caracteriza a vida; mesmo no imóvel e parado, podemos percebê-lo" (Godoy, 2007, p. 9).

RITMO

A palavra "ritmo" vem do grego *rhytmos* e designa aquilo que flui, que se move, um movimento regulado (Artaxo; Monteiro, 2003).

Que dança é essa?

É uma organização ou uma estruturação de fenômenos que se desenrolam no tempo de maneira cíclica.

O ritmo faz parte da vida e da natureza: as estações do ano, o dia e a noite, o crescimento das plantas, os batimentos cardíacos, a respiração, a alimentação, enfim, está em tudo que existe. No corpo, o ritmo apresenta-se, entre outras circunstâncias, na capacidade de adequação do sujeito às diversas "situações da vida, que é diferente para cada pessoa. É a forma de lidar com o tempo nas transições entre movimentos ou ações" (Rengel, 2005, p. 96). O ritmo das ações corporais, por exemplo, manifesta-se nas mudanças e na combinação das qualidades do peso, espaço, tempo e fluência.

Sendo o ritmo uma unidade da dimensão temporal, apresentamos o primeiro aspecto que compõe esse elemento da dança:

- **Tempo:** é um dos fatores de movimento de Rudolf Laban (1978), e envolve a duração e a velocidade dos movimentos. As duas qualidades desse fator são: súbito (ou repentino) e sustentado (ou prolongado). Os movimentos súbitos são rápidos e de curta duração; já os sustentados são lentos e de longa duração. Por tais características, o fator *tempo* revela a atitude de decisão, podendo ser planejado ou inesperado (Laban, 1978).

Le Boulch (1988) nos lembra que a experiência do tempo é experimentada pela criança já no período intrauterino, no qual depara com os biorritmos maternos. Esse ritmo fisiológico de cada organismo é chamado de biológico.

Há também o ritmo métrico, determinado externamente, encontrado nas marcações de um relógio e nas batidas da música. Artaxo e Monteiro (2003) afirmam que é estimulante e agradável trabalhar com esse tipo de ritmo. Com crianças pequenas é comum utilizarmos músicas nas proposições de dança. Entretanto, essa não é uma regra; é possível e desejável a vivência do ritmo biológico, uma vez que o externo é altamente vivenciado na sociedade atual.

A vivência do ritmo métrico da música traz à tona o segundo aspecto da dança envolvido no elemento *ritmo*:

- **Percepção rítmica:** para estimular a experienciação desse aspecto, lanço mão de alguns estudos do músico e pedagogo austro-suíço Émile Jaques-Dalcroze. Para ele, o ritmo é um princípio vital, é movimento (Artaxo; Monteiro, 2003); dessa forma, desenvolveu um trabalho sistemático de ensino de música com base no movimento corporal, a Rítmica Dalcroze. Esse método, criado no começo do século XX, realiza-se por meio da vivência das estruturas formais da música em atividades, que: 1. relacionam a expressão corporal a um estímulo sonoro; 2. exploram o espaço em diferentes direções, planos e trajetórias; 3. combinam, alternam ou dissociam movimentos; e 4. estimulam a concentração, a memória e a audição. Por tais características, a Rítmica Dalcroze pode ser aproximada da dança, principalmente no que tange à experiência da percepção rítmica por meio da vivência corporal.

Optei por estimular nos pequenos a vivência de seis estruturas rítmicas consideradas primárias por mim para oportunizar a realização de movimentos em consonância ao ritmo da música: som e pausa, pulso, acento, frase musical, duração e velocidade. A opção por essas seis estruturas surgiu na experiência profissional de intervenções de dança com crianças na educação infantil e do projeto-piloto desenvolvido em 2010.

O som é a vibração no ar de um objeto ou corpo percebido pelo órgão auditivo. Essas vibrações podem ser produzidas por palmas, palavras, instrumentos musicais ou a própria música. Já a pausa caracteriza-se como o silêncio, um tempo de espera entre um som e outro (Artaxo; Monteiro, 2003). Uma atividade conhecida que estimula a percepção do som e da pausa é o jogo da estátua, no qual a pessoa se movimenta enquanto a música está tocando e para quando a música é interrompida.

O pulso é a constância das batidas sonoras; é o elemento regulador do ritmo. Artaxo e Monteiro (2003, p. 19) exemplificam o pulso musical como "aquilo que na música dá vontade de acompanhar com os pés". Quando algumas dessas batidas que caracterizam o pulso são mais fortes, surge o acento.

Com crianças pequenas é possível sugerir que elas coloquem as mãos nas caixas de som para sentir a vibração do pulso; depois solicitar que andem acompanhando as batidas regulares e, no tempo forte, saltar ou quicar uma bola no chão, para instigar a percepção do acento. Geralmente, a vivência do acento está vinculada à realização de movimentos com maior energia, um aumento do tônus.

A frase musical pode ser comparada a uma frase da linguagem escrita. Existe um motivo que a acompanha – por exemplo, uma estrofe cantada, a ênfase em algum instrumento musical, um momento de destaque dos *backing vocals*, entre outros. Károly (1990 apud Artaxo; Monteiro, 2003) revela que uma palavra ou um acorde pode indicar o sinal musical de pontuação, finalizando uma frase para outra se iniciar. É possível associar frases musicais a frases de movimentos dançantes em vivência ou apresentações de dança.

Por fim, a duração e a velocidade da música, compreendidas, respectivamente, como o tempo de produção e o andamento do som, podem ser experienciadas em consonância ao aspecto da dança *tempo*, anteriormente citado.

Sequência didática
Tema: ritmo.
Objetivo: perceber a música e o pulso.

Sensibilização: as algas
- Distribuídas pelo espaço, deitadas e de olhos fechados, as crianças devem ser orientadas a escutar a música e pensar em um local ou uma situação em que elas podem se inspirar.
Imaginem, agora, que todos vocês são algas no fundo do mar. Essas algas balançam lentamente.
- Deixe as crianças explorarem o movimento, sugerindo que balancem uma parte do corpo de cada vez, sentindo a música; depois, repita a proposta, mas com as crianças sentadas, balançando o corpo todo; depois, em pé, até voltar a se deitarem.

Pulso: o coraçãozinho da música
- Deitadas com as mãos no tórax, oriente-as a sentir a pulsação do coração. Explique que a música também tem um "coraçãozinho". Sugira que percebam a vibração sonora colocando a mão na caixa de som.
- Apresente o pulso da música.
- Organizados em um círculo e acompanhando o pulso, diga para baterem o lápis no chão com diferentes movimentos e em diferentes partes do corpo.
- Elabore uma sequência para as crianças imitarem: em pé, marque o pulso com batidas dos pés no solo; ande acompanhando o pulso musical; marque o pulso no pé e jogue uma bexiga no acento musical.
- Incentive as crianças:
Dancem com a bexiga realizando um movimento para cada pulso.

Mas a dança com a educação infantil não precisa somente seguir a métrica da música. Ela pode dialogar, relacionar-se, justapor-se, afastar-se e aproximar-se de sons, que podem ser batidas de palmas ou andares pesados. As crianças podem permanecer imóveis enquanto a música toca e dançar sem música, por exemplo.

Ao trilhar este capítulo, foi possível observar que os quatro elementos da dança presentes nesta proposta dialogam entre si. Eles não são estanques, fragmentados ou desconectados dos demais; ao contrário, estabelecem intensa relação e um dinamismo que nos possibilita associá-los, combiná-los e "brincar" com a ordem de proposição nas atividades.

Além disso, é possível notar também as relações estabelecidas entre os pressupostos e as estratégias da dança (apresentados nos capítulos 2 e 3) e os elementos dessa linguagem artística. Eles se permeiam e se imbricam para inspirar os princípios metodológicos das mediações em dança na escola com crianças na educação infantil.

5
Planejando a ação: a práxis educativa em dança

> Educar implica fazer escolhas metodológicas.
> (Isabel Marques)

Após o estudo de autores que dialogam com o tema da dança na educação/escola/educação infantil, revelado nos capítulos anteriores; a reflexão de alguns anos sobre a minha prática pedagógica; o acompanhamento em campo de um projeto de pesquisa desenvolvido pelo Grupo de Pesquisa Dança: Estética e Educação (GPDEE-IA/SP); e a realização de um projeto-piloto em 2010, identifiquei os princípios metodológicos da mediação dessa linguagem artística com crianças pequenas e, com base neles, elaborei uma proposta de curso. Esses princípios foram compostos pelos pressupostos e estratégias da dança (linguagem artística, sujeito socioistoricocultural, noção do corpo, estruturação espacial, diferenciação eu-outro, interação social, jogo infantil, improvisação e apreciação estética) e pelos quatro elementos (corpo, movimento expressivo, espaço e ritmo).

A elaboração da proposta contou com a organização em um roteiro dos conhecimentos a ser oportunizados e das estratégias utilizadas: o plano de ação. Como ele está diretamente vinculado ao cotidiano escolar, o plano "não pode ser um documento rígido, [estanque] e absoluto, pois uma das características do processo de ensino é estar sempre em movimento, sofrendo modificações face às condições reais" (Libâneo, 2008, p. 223); dessa forma, necessita ser flexível para atender às situações imprevistas, bem como aos interesses e necessidades imediatos que surgem no dia a dia.

No caso das crianças de educação infantil, Faria e Salles (2007, p. 114) sugerem que as intervenções pedagógicas para essa faixa etária proporcionem experiências ricas e diversificadas, por meio de

> [...] situações que provoquem a atividade infantil, a descoberta, o envolvimento em brincadeiras e explorações com companheiros. Deve priorizar o desenvolvimento da imaginação, do raciocínio e da linguagem, como instrumentos básicos para a criança se apropriar de conhecimentos elaborados em seu meio social, buscando explicações sobre o que ocorre à sua volta e consigo mesma. Esses pontos irão certamente contribuir para que o desenvolvimento infantil se faça em direções mais críticas, afetuosas, lúdicas, colaborativas e solidárias.

Assim, o plano de ação da proposta se delineou da seguinte maneira:

Objetivo geral
Despertar nas crianças o interesse pela dança como uma possibilidade de exploração, descoberta e jogo com o seu corpo e o do colega, bem como de novas formas de movimentação e expressão.

Objetivos específicos
- Fazer que as crianças vivenciem e conheçam os quatro elementos da dança (corpo, movimento expressivo, espaço e ritmo) e seus aspectos.
- Possibilitar a apreciação estética de diferentes técnicas de dança e o reconhecimento de seus elementos mediados em cada uma delas.
- Favorecer a descoberta das preferências de movimentação e ampliação do repertório motor.
- Estimular a identificação da estrutura corporal e a ampliação do esquema e da imagem corporal.
- Incentivar a interação social, favorecendo a diferenciação eu-outro e a compreensão e o respeito às diferenças.
- Proporcionar o reconhecimento dos diferentes ritmos, bem como do pulso da música.
- Oferecer atividades que instiguem a imitação, a imaginação, a improvisação e o jogo.
- Favorecer o reconhecimento das estruturas espaciais.
- Estimular a ampliação do universo cultural.
- Proporcionar a participação em um processo de criação em dança.
- Oportunizar a vivência de apresentar uma coreografia.

Conhecimentos
1 Elementos da dança:
   a. **Corpo: todo e partes** – ações corporais, deslocamento e imobilidade, ênfase nas partes, liderar o movimento com uma parte do corpo, partes em contato, contato improvisação e estrutura corporal.
   b. **Movimento expressivo: intencionalidade** – peso, tônus, apoios e equilíbrio.

c. **Espaço: relação** – cinesfera, progressão no espaço, direção, níveis, planos, tensões espaciais, projeção, distância, formas, foco do movimento, espaço amplo e espaço social.
   d. **Ritmo: fluxo** – percepção rítmica e tempo.
2. Jogos e histórias de dançar: jogos de faz de conta e da cultura popular brasileira, como barra-manteiga, vivo ou morto, duro ou mole, coelho sai da toca, pula-elástico, entre outros, relacionados aos elementos da dança.
3. Improvisação com e sem materiais.
4. Atividades lúdicas de imitação, observação e oposição.
5. Apresentação artística.

Estratégias
- Vivências lúdicas e dinâmicas.
- Experiências práticas.
- Exposições dialogadas com exemplificações.
- Atividades individuais, em duplas, trios, pequenos e grandes grupos.
- Apreciação de vídeo e fotografia.
- Processo de criação.
- Exploração de materiais de diferentes tamanhos, formas, pesos e cores, como tecidos, bolinhas, elásticos, bambolês, folhas de papel, fitas de cetim, pandeiros, entre outros.

Fechamento
Reflexão sobre o percurso a ser realizado com as crianças no último encontro, por meio de depoimentos sobre seus aprendizados e impressões; e do percurso realizado por mim, professora, durante e ao final do processo.

> **ATENÇÃO:** veja que estou nomeando essa construção de proposta; não tenho a pretensão de estabelecê-la como uma "receita de bolo" ou uma verdade absoluta, mas sim uma inspiração para que você elabore a sua proposta, na realidade em que você atua e para as crianças da sua escola.

CONTANDO NOS DEDOS: A ORGANIZAÇÃO DOS ENCONTROS

Os primeiros contatos com a escola municipal na qual eu aplicaria a proposta do curso de dança foram realizados com a coordenadora da instituição. Conversamos sobre a pesquisa, o projeto pedagógico, as necessidades dos professores, as características da comunidade, das crianças, a rotina escolar e a parceria que seria estabelecida para a socialização do conhecimento. Tais informações foram importantes para a construção de um curso que fizesse sentido para os envolvidos no processo, uma vez que se almejou a compreensão do contexto e do fenômeno educativo formal daquele entorno. Em seguida, a proposta foi levada às professoras que manifestaram interesse em participar.

Apesar de os quatro elementos aparecerem concomitantemente durante a dança, foram necessários organizá-los didaticamente em temas para garantir a intencionalidade de cada encontro e favorecer que os objetivos fossem alcançados. Para tal, listei todos os aspectos da dança, pensei nas atividades que poderiam ser realizadas em cada um deles e verifiquei que alguns aspectos poderiam ser abordados juntos em um mesmo encontro, outros necessitariam de um momento inteiro com as crianças e um terceiro grupo de aspectos precisaria de dois ou mais encontros, uma vez que tratavam de assuntos mais complexos ou exigiam maior tempo de vivência por parte dos pequenos.

A noção do tempo que as crianças levam para se familiarizar com a linguagem da dança foi adquirida por meio da experiência profissional e do projeto-piloto, corroborando Barbosa e Horn (2001). As autoras afirmam que a organização do tempo na educação infantil é o resultado da leitura que fazemos do nosso grupo de crianças com base em suas necessidades. Além disso, seria importante reservar alguns encontros para que elas e eu pudéssemos nos conhecer e elas se adaptassem à nova utilização de um espaço cotidiano – a quadra, no caso.

A opção didática de priorizar o elemento *corpo* no início do curso de dança foi motivada por dois fatores: 1. estudos de Wallon sobre o longo processo de construção da personalidade da pessoa, que se inicia pela conquista do eu corporal e desenvolvimento do esquema corporal (Bastos; Dér, 2009); e 2. sugestão de Laban sobre o primeiro tema de movimento a ser incentivado com as crianças menores de 11 anos ser relacionado à consciência do corpo (Rengel, 2008).

Dessa forma, as atividades propostas nos 12 primeiros encontros foram embasadas no pressuposto *noção de corpo* e nos aspectos: ações corporais, deslocamento e imobilidade, ênfase nas partes do corpo, liderar o movimento com uma parte corporal, partes em contato, contato improvisação e estrutura corporal.

A decisão de trabalhar o elemento *movimento expressivo* após o *corpo* (ou, em alguns momentos, concomitantemente) derivou da referência teórica de Vitor da Fonseca (1995, 2008) e da minha experiência profissional, que me permitiram compreender que, ao estimular a consciência de peso, tônus, apoios, postura e equilíbrio, incita-se também a *noção do corpo*. Havia, além disso, a indissociabilidade entre corpo e movimento.

O enfoque seguinte dos encontros residiu sobre o elemento da dança *espaço*, inspirado na afirmação de Vitor da Fonseca (1995) de que é por meio do corpo e dos movimentos que nos localizamos no espaço e desenvolvemos a *estruturação espacial*. Com isso, procurei estimular todos os aspectos dos elementos *corpo* e *movimento expressivo* para, então, enfatizar o *espaço*.

Por fim, como já foi dito anteriormente, quando uma pessoa se orienta no espaço, concomitantemente ela se localiza na dimensão do tempo. Além disso, os movimentos que dialogam com o espaço, em dança, geralmente são ritmados, estimulando a ênfase no elemento *ritmo* ao final do curso.

Entretanto, essa ordem entre os elementos da dança não foi concebida de maneira estanque, justamente por eles se imbricarem. Houve, a todo momento, uma atenção às necessidades e opiniões das crianças e ao contexto no qual o curso estava inserido, possibilitando as trocas de temas nas intervenções. Escolhi estar com os pequenos duas vezes na semana objetivando a minha inserção na rotina da escola e o fortalecimento dos vínculos entre professor e criança, entre criança e criança e entre criança e dança – no fluir dos encontros.

Outra questão se referiu ao tempo de duração de cada encontro, que foi pensado para contemplar aproximadamente 45 minutos de vivências. Entretanto, busquei não aprisionar as práticas nesse tempo, respeitando as necessidades das crianças. Por vezes os encontros duravam 40 minutos, outros 45 e uns chegaram a 50 minutos, quando percebia que os pequenos estavam motivados e desejavam explorar mais a vivência proposta.

A CHEGANÇA

Em uma das conversas com as professoras, uma delas riu e criticou a ideia de os meninos dançarem balé. Diante disso, tive receio de esse comentário ser um consenso da comunidade e decidi mudar a estratégia de apresentação da pesquisa para as crianças: optei por chamar de "atividades de movimento", para não causar possíveis repulsas por parte dos garotos, com afirmações a respeito de dançar ser "coisa de menina". Com o caminhar do curso, a palavra dança surgiria espontaneamente.

Tal ação pode ser compreendida pela afirmação de Lima (2009, p. 119) de que as crianças pequenas, "de fato, não reproduzem mecanicamente o mundo adulto, mas procuram nesse mundo parâmetros" para a sua inserção no meio social. Segundo Sousa e Altmann (1999), as diferenças de gêneros são construções sociais que dada cultura estabelece ou elege em relação a homens e mulheres dentro de um processo histórico; com isso, as crianças acabam absorvendo tais construções.

Nesse contexto, Lima (2009), ao realizar intervenções práticas de dança com crianças de 5 e 6 anos, imaginou que as questões relativas ao gênero não ocupassem lugar de destaque no universo infantil, porém se surpreendeu no primeiro dia de mediação, quando alguns meninos se recusaram a participar das vivências. Ela percebeu que logo cedo as crianças são "impregnadas de representações sociais, as quais fazem da dança um demarcador de gênero, reforçando a ideia de que elas não estão alheias ao processo de apropriação social e cultural" (Lima, 2009, p. 120).

Justamente por estar ciente desse fato optei por apresentar a minha proposta como "atividades de movimento", trazendo imagens de detetives e aviões para aproximar os meninos da dança.

Contudo, apesar de os primeiros contatos terem sido planejados para facilitar essa aproximação, ao longo dos 30 encontros não houve momentos em que as relações de gênero foram questionadas pelas crianças participantes.

No quinto encontro inaugurei o uso da palavra dança, e os meninos não se importaram, não houve implicâncias ou aversões. Pelo contrário, acharam divertido dançar e pediram para repetir as vivências daquele dia. Além disso, apreciaram, em diversos momentos do curso, coreografias em DVDs realizadas por homens e mulheres – entre elas, uma de balé clássico – e em nenhuma ocasião houve observações sobre o feminino na dança. Perguntaram apenas por que as bailarinas dançavam "nas pontinhas" dos pés e os homens não.

Percebi que, apesar de as relações de gênero serem uma construção social[8], as crianças daquele contexto ainda não estavam impregnadas com essas representações culturais; é possível ponderar também que o meio em que estão imersas não valorizam tais elaborações. O importante é destacar que a estratégia de aproximação da dança com os meninos foi satisfatória, uma vez que previu e antecipou uma possível dificuldade que seria encontrada e evitou que alguns comentários negativos e depreciativos pudessem ter sido elaborados.

Nesse sentido, Sgarbi (2009) sublinha que a realização de reflexões anteriores à ação do professor é interessante não somente para planejar as ações pedagógicas, mas também para prepará-lo para lidar com as situações adversas com maior segurança e garantir seus objetivos.

---

8. Para saber mais sobre as questões de gênero e movimento, ler "Meninos e meninas: expectativas corporais e implicações na educação física escolar", de Eustáquia S. de Sousa e Helena Altmann, e "Relações de gênero nas brincadeiras de meninos e meninas na educação infantil", de Daniela Finco.

O PASSO A PASSO DO COMPASSO: A AÇÃO

O começo do curso se deu por dois encontros de conhecimento e reconhecimento da professora, dos colegas e do espaço, com vivências que envolviam os nomes, os gostos e as percepções. Olhamos os amigos, tocamo-nos com as pontinhas dos dedos e viramos detetives para investigar a quadra e os objetos.

Como justificado anteriormente, o primeiro elemento desenvolvido foi o *corpo*, especialmente as ações corporais. A decisão de iniciar por tal aspecto da dança foi inspirada na sugestão de Rengel (2008) sobre utilizar as ações corporais como uma maneira prazerosa de iniciar e incentivar as pessoas a dançar, além de possibilitar o reconhecimento dos movimentos que poderiam ser utilizados nas improvisações e proporcionar a ampliação do repertório motor.

Procurei inaugurar esse momento propondo ações próximas ao chão (rastejar, sentar, engatinhar, rolar e deslizar), uma vez que as crianças de 2 a 5 anos são recém-saídas da predominância do eixo horizontal (Rengel, 2008) – conquistaram a postura bípede há pouco tempo –, facilitando a aproximação dos pequenos com esse aspecto da dança. Dessa forma, vivenciamos as ações corporais por meio dos jogos de faz de conta, nos quais as crianças representavam animais, plantas, personagens e situações imaginárias.

No decorrer desse processo senti a necessidade de estender o número de intervenções que enfatizassem as ações corporais. Observei, nos cinco primeiros encontros, que, apesar da minha preocupação em estimular e propor movimentos em diferentes níveis e progressões espaciais, as crianças não exploraram muitas possibilidades de realizar cada ação corporal. Notei que seria preciso ampliar o repertório motor delas e apresentar de maneira mais organizada e sistematizada as variações de cada ação, para que pudessem incluí-las em suas danças.

Com isso, pensei em organizar, no sexto encontro, um circuito com bambolês para oportunizar a diversidade do andar, correr e saltar. A estratégia foi tão satisfatória que decidi repeti-la na intervenção seguinte, mas explorando as possibilidades do rolar e girar. Além disso, propiciei às crianças a apreciação em DVD da coreografia "Milagre" do espetáculo *Milágrimas*, de Ivaldo Bertazzo, uma vez que ela utiliza, combina e recombina muitas ações corporais, como saltar, balançar, girar e ondular.

Nesse momento procurei oferecer a visualização da variedade de ações e como elas podem ser organizadas para a realização de danças; todavia, a proposição ultrapassou as fronteiras de uma mera observação, uma vez que favoreceu a apreciação, o diálogo sobre a dança como linguagem artística e a experimentação corporal do que foi visto, ou seja, a fruição.

Percebi que tais estratégias didáticas contribuíram para a primeira aproximação efetiva da dança com a criança de educação infantil dessa proposta. No sétimo encontro, os pequenos dançaram de fato! Entretanto, observei que, para uma incorporação mais efetiva das ações corporais, alguns movimentos precisariam ser repetidos e outros tantos ampliados. Com isso, compreendi que o ideal teria sido ampliar ainda mais as vivências no tema das ações corporais.

A decisão de aumentar o número de encontros e modificar a abordagem de um conhecimento retrata um momento de reflexão que provocou a volta à ação de uma maneira diferenciada. Donald Schön (1992) nomeia tal atitude de reflexão *sobre* a ação, que ocorre *após* a aula, depois de um distanciamento da situação, no qual surgem novas perspectivas sobre os fatos. Ela se realiza por meio da palavra – no caso da pesquisa de mestrado, do registro em *diário de bordo*. O diário de bordo é um instrumento metodológico de registro e reflexão, no qual o professor relata fatos significativos do encontro[9], a atitude dele diante do ocorrido e sua reflexão sobre a ação. Nesse contexto, observei a necessidade de ampliação do repertório motor das crianças e a escassez de incorporação das ações corporais para a construção da dança; com isso, alterei minha prática com sucesso.

O último ponto de destaque em relação às ações corporais foi a identificação, nos capítulos anteriores, de que esse aspecto da dança poderia auxiliar na ampliação da coordenação motora, contribuir com intencionalidade do movimento e com o desenvolvimento do esquema corporal por meio de vivências repletas de ação e energia. Tais características vão ao encontro das necessidades da faixa etária de experimentar o corpo para o domínio dos movimentos (Wallon, 1975).

Dessa forma, começar o curso pelas ações corporais foi interessante para aproximar a dança dos pequenos, corroborando com Rengel (2008). Caso haja a oportunidade de elaborar um novo curso de dança com crianças de educação infantil, eu manteria essa mesma forma de início e experimentaria estender a quantidade de encontros destinados a esse aspecto para oito ou nove.

Na sequência do aspecto da dança *ações corporais*, vivenciamos o reconhecimento da estrutura corporal e da estimulação tátil em atividades de massagens individuais e em duplas, pisar e rolar no plástico-bolha, se desenhar, observar um mapa de anatomia humana e, principalmente, mexer o corpo como um todo ou

---

9. Por exemplo, uma atitude surpreendente de uma criança, a necessidade de mudança de uma atividade, de estratégia ou da sequência didática como um todo.

suas partes isoladas. Nesse sentido, Godoy (2007, p. 4) destaca que a compreensão da estrutura e funcionamento do corpo é fundamental para a vivência da dança, uma vez que, ao dançar, "preocupamo-nos exclusivamente com o manejo de seu material, que é o próprio movimento".

Nessas vivências, concomitante ao conhecimento da dimensão física do corpo, foi estimulado o perceber, sentir e expressar-se, integrando os aspectos motores, emocionais e intelectuais, almejando favorecer o ampliação da consciência de si (Cavalari, 2005). Dançamos de diversas maneiras: com ênfase nas partes corporais; priorizando algumas articulações; liderando o movimento com um membro; com duas partes do corpo unidas; e com uma parte "colada" no ambiente, em que o corpo todo participava da ação, mas a ênfase era dada em uma ou duas partes corporais de cada vez. Nesse contexto, Rengel (2008) destaca que tais proposições podem auxiliar na ampliação das possibilidades do movimento, oportunizando ao sujeito descobrir muito mais ações do que imaginava que o corpo pudesse realizar.

Em seguida, passamos a vivenciar práticas dançantes que envolviam o elemento da dança *movimento expressivo*, sempre resgatando e relacionando-o aos conhecimentos enfatizados no elemento *corpo*. Nesse momento, dançamos com bexigas, tecidos, plumas, transformamo-nos em soldadinhos de chumbo e equilibramo-nos de diversas formas.

Passamos, então, para o elemento *espaço*. Rengel (2005, p. 65) afirma que "a tarefa do fator espaço é a comunicação. A comunicação que faz o agente se relacionar com o outro, o mundo à sua volta". E, sugestionada por essa frase, elaborei atividades em duplas, trios e grupos inspiradas nas minhas percepções em relação à estrutura social da turma.

Com isso, ao propor os signos da dança – formas, níveis, progressões, projeções, tensões espaciais e cinesfera –, dançamos com diversos colegas. As vivências envolviam momentos de apreciação, aproximação, distanciamento, toque, complementação, imitação e oposição, na intenção de favorecer a interação social e o encontro com o outro, inspirado nas características do estágio do personalismo reveladas por Wallon.

Como estratégia para proporcionar o encontro com o outro na vivência desse elemento, sugeri a utilização de jogos infantis da cultura popular. Usamos o "vivo ou morto" para favorecer o reconhecimento dos níveis, o "siga o mestre" para instigar a percepção das progressões, entre outros.

Por fim, realizei intervenções, relacionadas ao elemento *ritmo*, no qual as crianças bateram palmas, sentiram a pulsação do próprio coração, se transformaram em algas, quicaram bolas no chão no acento da música, entre tantas outras ações de percepção do tempo e do ritmo biológico e métrico.

Completando o processo artístico e educacional do curso, encerramos nossas atividades com uma apresentação para as crianças de outra turma da mesma idade e seus respectivos professores. O interesse pelos brinquedos presentes no universo infantil motivou a escolha do tema. Entretanto, esse assunto será mais bem abordado em um subitem posterior.

COM-TATO: CONHECENDO MEU CORPO E O DO OUTRO

Uma das informações recebidas de uma professora da EMEI residiu na questão do toque. Ela me alertou que as crianças participantes da pesquisa não se tocavam e, quando o faziam, era apenas para agredir. Influenciada por esse diagnóstico, iniciei uma reflexão sobre como aproximar os pequenos ao aspecto da dança contato improvisação. Com a experiência do projeto-piloto e de alguns anos de trabalho com crianças, decidi iniciar pelo toque individual intermediado por um objeto: a massagem com a bolinha cravo.

Na primeira vivência de sensibilização cutânea foi estimulada a sensibilidade exteroceptiva, na qual os pequenos permaneceram concentrados, sentindo os "espinhos" do material. Muitas crianças identificaram que a percepção tátil do pé era diferente de outras partes corporais.

Além da exterocepção, a vivência possibilitou o reconhecimento da postura e da posição das partes do corpo, estimulando a propriocepção. Tais sensibilidades corporais favorecem a ampliação e atualização do esquema e da imagem corporal, integrantes do pressuposto da dança *noção do corpo*.

Em outro encontro sugeri que massageassem seus pés e pernas sem um objeto intermediário, ou seja, com as próprias mãos, identificando as partes duras e moles. Era o início do contato pele com pele.

No momento seguinte, propus que dançassem com uma parte do corpo "colada" em outra, e as crianças experimentaram encostar o antebraço no bumbum, o joelho no pé, o calcanhar na mão, entre tantas outras explorações inusitadas que estimularam diversas percepções táteis. A opção por atividades individuais em que a própria criança se tocava surgiu da necessidade de prepará-la para o toque do outro. Considerei importante que ela percebesse primeiro em si os efeitos desse sentido antes de realizar a vivência com um parceiro.

Nesse sentido, Ferreira (2009, p. 44) sublinha que "por meio do toque acontece uma quebra de barreira, como se houvesse um desarmamento de forças e uma entrega a sensações estimuladas pelo tato". Esta foi a intenção ao decidir a sequência de vivências que aproximaria a criança de alguns elementos do contato improvisação: quebrar possíveis barreiras em relação ao contato físico, uma vez que, segundo a autora, ele está intimamente ligado a percepções e emoções.

Com as possibilidades do sentido tátil ampliadas, partimos, no 11º encontro, para a percepção cutânea do outro, na qual sugeri um jogo em que, organizados em duplas, um encostava o dedo em uma articulação do colega, que deveria movimentá-la: o jogo do toque. Essa atividade não pretendia promover a ativação intensa da sensibilidade da pele, mas um reconhecimento da localização das partes do corpo e preparação para receber o toque do outro.

No encontro subsequente, por sugestão de Belém (2011), as práticas de toque se desdobraram em práticas de movimento, inaugurando efetivamente a aproximação dos pequenos com alguns deslocamentos adaptados da técnica de dança contato improvisação. Essa iniciação se deu em duplas. Um amigo conduzia o outro pelo espaço (ver Vivência 11, "Levando o amigo para passear"), encostando uma articulação em uma parte do corpo do colega. A atividade seguiu alternando as partes corporais em contato gradativamente, até não haver a perda de toque. Notei que não houve restrições ao contato físico e as crianças revelaram ter se divertido e gostado bastante da experiência.

Continuando o processo de aproximação, no 13º encontro tocamos com as duas mãos o corpo do colega fazendo carinho, pressão, friccionando e sacudindo cada parte corporal, favorecendo um aquecimento para o corpo (Ferreira, 2009), a percepção de diferentes sensações cutâneas e o contato com o outro.

Que dança é essa?

Segundo Belém (2011), nessa vivência o toque foi utilizado na manipulação do corpo do outro, contribuindo também para o reconhecimento da estrutura corporal, uma prática que oportunizou o desenvolvimento da noção corporal, por meio das sensibilidades proprioceptivas e exteroceptivas. Para a pesquisadora, "o toque e as práticas de movimento com contato físico envolvem um apurado trabalho com a percepção, o funcionamento motor, a disponibilidade para mover-se junto com o outro, a consciência de si" (Belém, 2011, p. 15).

Na sequência dessa intervenção, brincamos de deslizar no corpo do amigo e, nos momentos finais do encontro, expliquei o uso dos apoios no colega e todos experimentaram equilíbrios e desequilíbrios inspirados na técnica do contato improvisação. As crianças deram risadas ao "escorregarem" no colega e aprovaram as vivências, realizando-as com cuidado e respeito.

Por fim, no 14º encontro, as crianças experimentaram alguns deslizamentos e rolamentos sobre os colegas, adaptados do contato improvisação.

Durante as vivências propostas, as crianças se divertiram bastante, gostaram de "escorregar e passar por cima" do colega. Quando eu sugeri que experimentassem dançar utilizando as atividades anteriormente propostas, sem perder o contato com o corpo do amigo, surgiram muitas ações interessantes na improvisação. Tal fato decorreu do repertório de movimentos que estavam sendo oportunizados durante as mediações, possibilitando aos pequenos combinar e recombinar seus gestos.

Notei também que as crianças demonstraram afinidades com o toque e a dança, especialmente os meninos, que realizaram todas as proposições sem receios, deitando uns sobre os outros. Tal impressão revela que as estratégias de aproximação da criança a movimentos inspirados no contato improvisação foram efetivas e prazerosas.

Percebendo o resultado positivo, aproveitei outros encontros para resgatar e estimular adaptações ao contato improvisação. A experiência foi tão agradável que, na coreografia do final do curso, as próprias crianças pediram para dançar o "gruda-gruda" – apelido dado por elas para esse aspecto da dança. Em todas as vivências de contato físico, minha ação focalizou a sensação que os pequenos poderiam perceber do toque e da pressão do peso do corpo do outro.

A organização didática para aproximar aspectos do contato improvisação da criança pequena, desde o 11º encontro, foi efetiva e possibilitou uma progressão da compreensão e do envolvimento com o tato. Tais fatores permitiram inibir atitudes agressivas e a resistência ao toque, principalmente entre meninos e entre crianças do sexo oposto.

Desse modo, adaptações ao contato improvisação inseridas nas intervenções de dança podem contribuir com o aumento das possibilidades do sentido do tato (estimulação da exterocepção) e expansão das percepções sobre os apoios e posicionamento dos membros do corpo (incitamento da propriocepção). Além disso, essa técnica é uma forma de improvisação em dança que promove o encontro com o outro e estimula o desenvolvimento da noção corporal (percepção tátil), equilíbrio e desequilíbrio.

Nesse sentido, Farina e Albernaz (2009, p. 544) revelam que

> no CI [contato improvisação] a dança se configura a partir de uma relação com o solo, com o próprio corpo e com outro corpo. É do encontro com as sensações que percorrem um corpo em relação com o solo que, pouco a pouco, surge o movimento que leva ao encontro de outro corpo.

Para as autoras, a dança é gerada a partir do encontro dos corpos e possibilita uma profunda percepção de si e do outro, contribuindo para o desenvolvimento do eu corporal e da diferenciação eu-outro, elencados no Capítulo 2. É sob tais impressões que pondero que o contato improvisação merece certa atenção e investimento nas proposições em dança com os pequenos, pois trazem contribuições importantes e sensíveis para a educação.

E, COM VOCÊS, AS CRIANÇAS!

Para coroar o encerramento do curso, propus que os pequenos vivenciassem a construção e apresentação de uma coreografia. Refleti que tal oportunidade poderia ser uma ocasião privilegiada para a criança ser apreciada e vivenciar mais um momento de experiência e fruição da dança como linguagem artística.

Sugeri, no 26º encontro, que se apresentassem para a professora e os alunos da turma B, que não participaram da pesquisa, mas que passaram pelo mesmo processo dos 30 encontros. E todos vibraram.

Uma das crianças interrompeu a comemoração, alertando a todos que precisariam, então, ensaiar. Pedi que pensassem em um tema e, no final do encontro, um menino sugeriu "marionetes", alegando que os bonecos de madeira poderiam dançar em peso firme e com as articulações (fabuloso!). As demais crianças aprovaram a ideia e acrescentaram que poderiam pensar em outros brinquedos que dançavam. Diante de tais questões, disse que começaríamos a nos organizar relembrando alguns aspectos da dança já aprendidos.

A preparação se iniciou no 27º encontro, na qual comentamos sobre a construção da cena: não conversar durante a dança, a postura corporal diferenciada do cotidiano e a relação de comunicação com o espectador. Dessa forma, propus que as crianças dançassem para seus colegas de sala, experimentando a sensação de serem apreciadas.

No encontro seguinte, oportunizei aos pequenos a apreciação, em DVD, de uma apresentação de dança realizada por crianças da idade deles, em uma quadra. Isso permitiu a compreensão da dinâmica do encerramento do curso em um contexto mais próximo ao deles, uma vez que só havíamos apreciado adultos dançando e em um palco ou salão com cenário e iluminação.

A coreografia exibida foi a de uma apresentação de dança realizada em 2011, em uma das escolas que lecionava. Nela, havia uma menina de 3 anos de idade que chamou a atenção dos pequenos que assistiam ao DVD. Eles ficaram encantados, chamando-a de "pequenininha". Percebi que eles realmente gostaram de observar outras crianças dançando. Penso que deveria ter levado outras imagens desse tipo durante o curso; eles se identificaram e isso favoreceu a compreensão do que estava sendo mediado: a postura em cena, a atenção, o silêncio e o personagem.

Na quadra e em círculo, conversamos sobre quais brinquedos poderíamos representar dançando e, a partir das falas das crianças, perguntei quem gostaria de ser cada um dos citados. Eu dizia, por exemplo: "Eu gostaria de três crianças que imitassem uma bola, três que representassem uma marionete".

Propus que todos se distribuíssem pelo espaço homogeneamente e que as crianças que estivessem encenando brinquedos iguais ficassem distantes. Cada uma criou a sua pose inspirada no personagem que representaria e eu sugeri possíveis mudanças de nível ou do peso que o "brinquedo dançaria se tivesse vida".

Mostrei a música e todos aprovaram. Nos sons de "dar corda", um menino sugeriu que cada criança mexesse uma parte do corpo e uma menina aconselhou que, em seguida, todos dançassem como brinquedos.

O terceiro momento da coreografia foi elaborado por mim, inspirada na fala de uma das crianças, que queria dançar como marionete. Desse modo, organizei-os em duplas, levando em consideração a proximidade espacial, e solicitei que decidissem quem seria a marionete e quem seria o condutor.

Pedi que as "marionetes" sentassem com as pernas e braços afastados lateralmente e os condutores imaginassem que estavam segurando fios presos aos braços do brinquedo. Todos juntos levantaram o membro superior direito, o esquerdo, os dois, e a "marionete" ficou um pé. As crianças riram bastante, alegando que parecia de verdade.

No 29º encontro, logo que cheguei à EMEI, fui à brinquedoteca e peguei alguns brinquedos que as crianças escolheram para representar, entre eles uma boneca de pano, um ursinho de pelúcia, uma marionete, um boneco de super-herói e um carrinho. Já em quadra com as crianças, conversamos sobre os personagens e a representação. Expliquei que, para a dança ficar interessante, o público precisaria pensar que elas eram brinquedos de verdade, deveria haver essa comunicação. Pedi, então, que observassem as formas, o peso, as tensões espaciais que cada objeto tinha para que elas se aproximassem do real.

Na sequência da construção coreográfica, as crianças sugeriram dançar o "gruda-gruda" após a cena da manipulação das marionetes e, em seguida, propus que finalizassem a coreografia dançando individualmente, enfatizando os níveis e ações corporais.

Combinamos a entrada em cena, o agradecimento e a saída.

Ao pensar o processo dessa apresentação de dança, baseei-me nas reflexões sobre linguagem artística apresentadas no Capítulo 1. Procurei valorizar o papel comunicativo e simbólico que as coreografias têm, relacionando seus signos. Além disso, o processo de criação compartilhou temas e movimentos advindos das ideias e curiosidades das próprias crianças; não houve construções prévias realizadas por mim. A construção coreográfica teve a participação ativa das crianças, que, integradas e envolvidas com o processo de criação, compartilharam escolhas inclusive na seleção do tema e dos movimentos.

Esse processo dialógico oportunizou o contato dos pequenos com as habilidades de propor, opinar, escutar, ceder e combinar (Godoy, 2010), no qual foram respeitados como sujeitos com desejos, ideias e capacidade de decidir. Essas ações, mediadas por mim, aproximaram-se do pressuposto da dança do sujeito socioistoricocultural.

É importante ressaltar também que tampouco se efetuou um *laissez-faire*, mas uma mediação sensível e crítica, com muito diálogo e aprendizado. Busquei valorizar a criança como sujeito socioistoricocultural e, ao mesmo tempo, intervir pontualmente, colaborando com o processo de aproximação e incorporação da dança e a ampliação da perspectiva de mundo.

Essa foi uma apresentação que se inspirou em um tema do faz de conta, no qual os brinquedos ganhavam vida e dançavam. Sua elaboração apoiou-se nos processos de criação baseados em improvisação e composição coreográfica, provenientes das vivências realizadas nas intervenções e das ideias das crianças. Assim, foi ao encontro das afirmações do Capítulo 1, sobre os objetivos do espetáculo: ser consequência e parte do processo de proposição da dança.

O curso foi um processo que se completou com um produto, a apresentação; e o produto revelou o processo de mediação dessa linguagem artística (Marques; Brazil, 2006 apud Vieira et al., 2012).

O CONTRATEMPO DO TEMPO: AS MODIFICAÇÕES DO PROCESSO

As modificações no cronograma dos encontros, nas estratégias e nas sequências didáticas não aconteceram somente nas intervenções que priorizavam as ações corporais comentadas no início deste capítulo. Elas foram muitas e por diversos motivos. Umas delas decorreu do fator climático.

No 16º encontro, eu havia preparado um encontro com o tema "apoios e níveis". Nessa proposição, vivenciaríamos muitos movimentos na posição deitada e sentada e, como estava frio, considerei apropriado trocar para "níveis", uma vez que as atividades programadas eram mais agitadas. Precisei apenas repensar as explicações iniciais, possibilitando que a transição entre o tema anterior, "apoio, tônus e equilíbrio", e o novo fizesse sentido para as crianças. Para tal, retomei a questão dos apoios para explicar os níveis.

Em relação às alterações no cronograma e nas vivências, é relevante relembrar a afirmação de Libâneo (2008) sobre o plano de ação. Segundo o autor, o plano de ação está diretamente vinculado ao cotidiano, não pode ser "rígido, [estanque] e absoluto, pois uma das características do processo de ensino é estar sempre em movimento, sofrendo modificações face às condições reais" (2008, p. 223). Com isso, necessita ser flexível, para atender às situações imprevistas, bem como aos interesses e necessidades imediatos que surgem da realidade. Desse modo, o replanejamento é tão importante quanto o planejamento.

Entretanto, é importante ressaltar que esse replanejamento precisa ser consciente, intencional e com significado; a transição entre um encontro e outro precisa ser preparada, para proporcionar sentido às intervenções pedagógicas.

Deparei também com outro momento de reflexão, mas desta vez *anterior* à ação, objetivando a preparação para lidar com as situações imprevistas com maior segurança, principalmente quando elas são recorrentes (Sgarbi, 2009), no caso, as condições climáticas. Nesse sentido, é importante que os professores estejam preparados para trabalhar em situações singulares, instáveis e incertas (Godoy *et al*., 2012).

Assim, verifiquei a necessidade de flexibilidade do professor para replanejar suas ações, pois na rotina escolar podem acontecer imprevistos e a escola se tornar um terreno de "areia movediça".

SOBRE OS REGISTROS

Como comentei no início deste capítulo, realizei um registro descritivo de cada encontro. Para Madalena Freire (1996), o registro é compreendido como um ato de descrever a prática e pensar sobre ela, possibilitando ao professor planejar intencionalmente seu trabalho e apropriar-se da sua ação.

Segundo Barros, Silva e Raizer (2012), o registro possibilita também o aprimoramento do trabalho do professor, no sentido de ampliar as suas ações com relação aos alunos e, especialmente, a reflexão das aulas realizadas. O olhar do professor volta-se não apenas para aquilo que a criança faz ou é capaz de fazer sozinha, mas para como o professor pode intencionalmente ampliar o contato dela com a cultura, mediar a interação social, encontrar novos caminhos possíveis para a apropriação do conhecimento e colaborar para uma educação de qualidade.

A experiência da confecção do diário de bordo me proporcionou entender a importância do processo de acompanhamento intencional das ações. Observei como o registro aprofundou minha reflexão sobre o trabalho e me instigou a reestruturar a prática com base nas dúvidas elencadas.

Esse instrumento metodológico se configurou como adequado para ser utilizado não só na pesquisa, mas em todas as minhas intervenções como professora. Um processo que continuo realizando em cada um dos encontros.

6
Abrindo portas

> E aqueles que foram vistos dançando
> foram julgados insanos por aqueles que
> não podiam escutar a música.
> (Friedrich Nietzsche)

E A DANÇA? APARECEU?

Sim, e muito!

Como apontado no Capítulo 5, iniciar pelas ações corporais foi uma estratégia efetiva para uma primeira aproximação, uma vez que esse aspecto da dança ampliou o repertório motor, auxiliando as crianças a identificar os movimentos que poderiam compor suas danças. No decorrer do processo, essas ações foram sendo propostas em diferentes níveis, direções, pesos, progressões, enfatizando partes do corpo, explorando tempos, tensões espaciais, pesos, pausas e pulsos musicais.

Apesar de o enfoque primeiro de um encontro ser, por exemplo, a vivência dos apoios, equilíbrios, postura e tônus (presentes no elemento da dança *movimento expressivo*), as vivências proporcionavam também a experiência dos demais elementos – *corpo* (ações corporais, deslocamento e imobilidade, ênfase nas partes do corpo e estrutura corporal), *espaço* (níveis, projeções, foco do movimento, formas, progressões, espaço amplo, social e restrito) e *tempo* (percepção rítmica e tempo) – concomitantemente. Isso demonstrou a integração e relação entre eles. Tais proposições procuraram mostrar aos pequenos como os signos da linguagem da dança podem ser relacionados para a produção de danças.

Aos poucos, os elementos foram sendo incorporados e explorados. Ao longo do processo, percebi como os movimentos dos pequenos estavam se modificando, tornando-se variados e precisos. As crianças reconheciam os aspectos da dança nas coreografias apreciadas em DVD e nos movimentos de animais e plantas.

Ademais, foi possível verificar que a utilização dos jogos infantis favoreceu às crianças uma aproximação dos signos da dança com maior clareza, diversão e prazer, além de propiciar a interação social. Notei que os jogos de faz de conta, em específico, ocuparam um lugar especial no processo de intervenção na dança, uma vez que, ao serem propostos, era possível observar nas crianças um sorriso que quase se transformava em risada, ressaltando o interesse pela imaginação e diversão do universo infantil.

Aprendi que nessa faixa etária as improvisações necessitam ser mais dirigidas, com temas, objetos ou aspectos da dança a serem exploradas, para tornar o dançar motivador; e que favorecer o contato físico entre as crianças e a interação com variados parceiros é fundamental, pois elas se tornam mais próximas e sensíveis às necessidades e opiniões dos colegas. Percebi também a importância do modelo e da apreciação estética para o enriquecimento do repertório motor e artístico, uma vez que as crianças experimentaram movimentos novos em seus corpos e visualizaram diferentes estéticas.

Pondero, ainda, que 30 encontros foi um número mínimo de intervenções para aproximar as crianças da dança. Contudo, considero que o ideal teria sido desmembrar alguns temas e ampliar outros para uma incorporação e transformação mais efetiva dos aspectos da dança. Sei que a quantidade ideal de encontros depende da turma de crianças e do contexto, porém a reflexão sobre um número mais aproximado poderia ser mote para uma futura pesquisa.

Optei por lançar mão de músicas, em sua maioria, instrumentais. Isso possibilitou que as crianças dançassem sem executar gestos para as palavras da música. A discografia escolhida envolveu os álbuns *Pé na cozinha*, *Meu neném* e *Mil pássaros*, do Palavra Cantada; *Corpo do som* e *O seguinte é esse*, do Barbatuques; a trilha sonora de espetáculos de dança do Grupo Corpo, como *Ôngoto*, *O corpo*, *Parabelo*; os CDs *Mapas*, *Clássicos*, *Oiapok Xui*, *21* e *I Ching*, do grupo Uakti; entre outros.

Enfim, as mediações, explicações, intervenções pedagógicas, organização didática dos encontros, o caminho escolhido entre aspectos da dança e a utilização dos princípios metodológicos de proposição da dança na escola para crianças na educação infantil, elencados nos capítulos anteriores, foram decisivos para a aproximação dessa linguagem artística aos pequenos.

Tal percepção corroborou algumas considerações finais da pesquisa de mestrado de Lima (2009, p. 144), a qual considerou que "a dança que faz dançar a criança de educação infantil" é a dança planejada, organizada, adaptada a suas necessidades e interesses; é a dança que os faz rir, sentir, experimentar, pensar, movimentar, criar e imaginar.

Ressalto, ainda, a intencionalidade das ações docentes e a necessidade de o professor conceber as sequências didáticas do começo ao fim com significado. Infelizmente vejo muitas intervenções pautadas na escolha de uma série de atividades que se acumulam sem sentido. É preciso costurar e relacionar as vivências da parte inicial, principal e final dos encontros com base nos objetivos estabelecidos.

Enfim, este foi um caminho longe de ser estanque e predeterminado. Ele foi cuidadosamente pensado e inspirado nos estudos de Schön (1992), que me possibilitou refletir *na* e *sobre* a ação, oportunizando as modificações de cronograma e sequências didáticas para atender às características e especificidades não só das crianças de educação infantil, mas também dos pequenos desta investigação, inseridos em um contexto específico. Foi um percurso atento a falas, expressões e ações, valorizando-os como sujeitos socioistoricoculturais. Uma trilha que os levou a dançar!

APRENDIZADOS, QUESTIONAMENTOS E OUTRAS POSSIBILIDADES DANÇANTES

Aprendi muito nesse processo, pois tive vontade e questionei meu próprio trabalho. Um processo de ação, reflexão e volta à ação de uma maneira diferenciada, que transitou entre a reflexão na ação e a reflexão sobre a ação (Schön, 1992), em busca da produção do conhecimento.

Um caminho sem fim, de reconstrução e formação profissional do docente de dança para crianças pequenas. Digo sem fim pois, depois de passar tantos anos rolando no chão com essas "figurinhas", percebo que cada turma é uma turma, cada situação modifica a ação; e mesmo crianças da mesma escola em um mesmo ano estabelecem relações diferentes com a dança e o professor, fazendo que as sequências didáticas nunca sejam iguais.

Que dança é essa?

E que bom que isso acontece! Isso nos revela o movimento e a especificidade que a educação precisa ter, o respeito ao contexto em que ela está imersa e a renovação e o frescor que o professor necessita encontrar. É interessante aprender enquanto se ensina, dialogar com as crianças, trocar com outros professores e refletir sobre a própria experiência.

O movimento de reflexão e ação ultrapassou a proposta de dança elaborada e aplicada; ele esteve presente em todos os momentos da caminhada do mestrado, tanto na formação de professora como na de pesquisadora. Fui provocada em tempo integral por minha orientadora Kathya, que me fez refletir sobre minha ação e retomá-la de maneira diferenciada na realização dos cursos e, principalmente, na escrita da dissertação. Um desejo quase que visceral de transformação do meu ser, mas também de afetar as crianças e o ambiente escolar. Sei que

> transformar a realidade parece uma tarefa utópica e distante das mãos do educador. Mas, considerando que a transformação faz parte da própria natureza humana, são os atos humanos, em sua peculiaridade, que têm a força da transformação. Pequenas ações, aparentemente frágeis, podem intervir na visão de mundo de cada um, realimentando, individual e coletivamente, a rede interativa capaz das grandes intervenções. Essa possibilidade amplia-se nas mãos docentes, no cotidiano do educador comprometido com a formação integral de seu aluno. (Matthes, 2010, p. 132)

Por fim, encerro esta etapa embargada da esperança de que este livro contribua com a prática educativa de outros professores de dança na educação infantil e/ou estimule a inserção dessa linguagem artística no contexto escolar dos pequenos. Espero abrir portas para que tantos outros professores possam pesquisar sobre sua práxis ou desenvolver outros tipos de trabalhos em dança utilizando os princípios metodológicos aqui identificados; cada um com seu caminho, seu grupo, sem uma rota fixa ou uma "receita de bolo".

Gostaria de saber ainda muitas coisas: como seria propor o balé utilizando esses princípios? É possível? E as danças brasileiras? O que mudou nas crianças nesses 30 encontros? Esses princípios metodológicos podem ser utilizados por outros professores?

Assim, finalizo concordando com Godoy (2010, p. 49), a qual alega que o espaço da dança na escola existe, pois o ambiente escolar

> se constitui em uma possibilidade de favorecer o contato e a aprendizagem da dança porque nele a criança é apresentada a diversos saberes, constrói conhecimento que farão parte de sua vida e de sua inserção na sociedade.

Contudo, é necessário que se efetive, que se deixe de focar o calendário das festas escolares no ensino de "passinhos" ou nas apresentações espetaculosas, pois a dança na educação infantil é uma área de conhecimento em construção e tem muito a contribuir para a ampliação de suas perspectivas sobre si, o outro e o mundo.

Nós dançamos, e você?

Referências bibliográficas

ALVES, Fátima. *Psicomotricidade: corpo, ação e emoção*. Rio de Janeiro: Walk, 2008.

ANTUNHA, Elsa Lima Gonçalves; SAMPAIO, Paulo. "Propriocepção: um conceito de vanguarda na área diagnóstica e terapêutica". *Boletim Academia Paulista de Psicologia*, v. XXVIII, n. 2, São Paulo, 2008, p. 278-83. Disponível em: <http://pepsic.bvsalud.org/pdf/bapp/v28n2/v28n2a15.pdf>. Acesso em: 20 mar. 2011.

ARANHA, Maria Lúcia de Arruda; MARTINS, Maria Helena Pires. *Filosofando: introdução à Filosofia*. 2. ed. São Paulo: Moderna, 1993.

ARTAXO, Inês; MONTEIRO, Gizele. *Ritmo e movimento*. São Paulo: Phorte, 2003.

BARBOSA, Ana Mae. *Reflexões sobre a arte/educação na contemporaneidade brasileira*. Palestra do XXIII Congresso de Iniciação Científica da Unesp. Instituto de Artes. São Paulo, 11 out. 2011.

BARBOSA, Maria Carmem Silveira; HORN, Maria da Graça Souza. "Organização do espaço e do tempo na escola infantil". In: CRAIDY, Carmem Maria; KAERCHER, Gláds Elise P. da Silva. *Educação infantil: pra que te quero?* Porto Alegre: Artmed, 2001.

BARROS, Flávia Cristina Oliveira Murbach de; SILVA, Greice Ferreira da; RAIZER, Cassiana Magalhães. "As implicações pedagógicas de Freinet para a educação infantil: das técnicas ao registro". *Anais do VI Congresso Paulista de Educação Infantil – Copedi*. São Paulo, 2012.

BASTOS, Alice Beatriz Izique; DÉR, Leila Christina Simões. "Estágio do personalismo". In: MAHONEY, Abigail Alvarenga; ALMEIDA, Laurinda Ramalho de (orgs.). *Henri Wallon: psicologia e educação*. 9. ed. São Paulo: Loyola, 2009.

BELÉM, Elisa. "Abordagens do movimento: o contato-improvisação e o toque nas práticas da dançarina Dudude Herrmann. *Revista Cena: dossiê dança em desdobramento*, n. 9, p 1-17, Rio Grande do Sul, 2011. Disponível em: <http://seer.ufrgs.br/cena/article/view/20836/13126>. Acesso em: 27 abr. 2013.

BRASIL. *Constituição da República Federativa do Brasil*, 5 de outubro de 1988.

_____. Lei nº 9.394. *Lei de Diretrizes e Bases da Educação*, 26 de dezembro de 1996.

_____. Secretaria de Educação Fundamental. *Parâmetros Curriculares Nacionais: introdução*. Brasília: MEC/SEF, 1997.

_____. Secretaria de Educação Infantil. *Referencial Curricular Nacional de Educação Infantil*. v. 1, 2 e 3. Brasília: MEC/SEF, 1998.

_____. Projeto de Lei nº 337. Brasília: Senado Federal, 2006.

BROTTO, F. O. *Jogos cooperativos: se o importante é competir, o fundamental é cooperar!* 7. ed. Santos: Projeto Cooperação, 2003.

BUSS-SIMÃO, Márcia. *Relações sociais em um contexto de educação infantil: um olhar sobre a dimensão corporal na perspectiva de crianças pequenas*. Tese (Doutorado em Educação) – Universidade Federal de Santa Catarina, Florianópolis, 2012.

CARNEIRO, Maria Angela Barbato (org.). *Cócegas, cambalhotas e esconderijos: construindo cultura e criando vínculos*. São Paulo: Articulação Universidade Escola, 2009.

CARNEIRO, Maria Angela Barbato; DODGE, Janine. *A descoberta do brincar*. São Paulo: Melhoramentos; Boa Companhia, 2007.

CAVALARI, Thais Adriana. *Consciência corporal na escola*. Dissertação (Mestrado) – Faculdade de Educação Física da Unicamp, Campinas, 2005.

DALLABONA, Sandra Regina; MENDES, Sueli Maria Schmitt. "O lúdico na educação infantil". *Revista de divulgação técnico-científica do ICPG*, v. 1, n. 4, Santa Catarina, jan.-mar. 2004, p. 107-12. Disponível em: <http://www.posuniasselvi.com.br/artigos/rev04-16.pdf>. Acesso em: 1 maio 2013.

DANTAS, Heloysa. "A afetividade e a construção do sujeito na psicogenética de Wallon". In: DE LA TAILLE, Yves; OLIVEIRA, Marta Kohl de; DANTAS, Heloysa. *Piaget, Vygotsky, Wallon: teorias psicogenéticas em discussão*. 18. ed. São Paulo: Summus, 1992.

DUARTE, Márcia Pires; GULASSA, Maria Lúcia Carr Ribeiro. "Estágio impulsivo emocional". In: MAHONEY, Abigail Alvarenga; ALMEIDA, Laurinda Ramalho de (orgs.). *Henri Wallon: psicologia e educação*. 9. ed. São Paulo: Loyola, 2009.

FARIA, Vitória Líbia Barreto de Faria; SALLES, Fátima Regina Teixeira. *Currículo na educação infantil: diálogo com os demais elementos da proposta pedagógica*. São Paulo: Scipione, 2007.

FARINA, Cynthia; ALBERNAZ, Roselaine. "Favorecer-se outro. Corpo e filosofia em contato improvisação". *Revista Educação*, v. 34, n. 3, Santa Maria, set.--dez. 2009, p. 543-58. Disponível em: <http://www.ufsm.br/revistaeducacao>. Acesso em: 15 jan. 2013.

FENELON, Dea. "Pesquisa em história: perspectivas e abordagens". In: FAZENDA, Ivani Catarina Arantes (org.). *Metodologia da pesquisa educacional*. 4. ed. São Paulo: Cortez, 1997.

FERREIRA, Saralivia Salum. *Dança na escola: um processo de criação*. Dissertação (Mestrado) – Faculdade de Dança da Unicamp, Campinas, 2009.

FINCO, Daniela. "Relações de gênero nas brincadeiras de meninos e meninas na educação infantil". *Pro-Posições*, v. 14, n. 3 (42), set.-dez. 2003.

FONSECA, Vitor da. *Manual de observação psicomotora: significação psiconeurológica dos fatores psicomotores*. Porto Alegre: Artmed, 1995.

_____. *Desenvolvimento psicomotor e aprendizagem*. Porto Alegre: Artmed, 2008.

FONSECA, Vitor da; MENDES, Nelson. *Escola, escola, quem és tu? Perspectivas psicomotoras do desenvolvimento humano*. Porto Alegre: Artes Médicas, 1987.

FOX, Jonathan. *O essencial de Moreno: textos sobre psicodrama, terapia de grupo e espontaneidade*. São Paulo: Ágora, 2002.

FREIRE, Madalena. *Observação, registro e reflexão: instrumentos metodológicos I*. São Paulo: Espaço Pedagógico, 1996.

GALVÃO, Izabel. *Henri Wallon: uma concepção dialética do desenvolvimento infantil*. 15. ed. Petrópolis: Vozes, 1995.

GARCIA, Denise Scivoletto Mazza. *Um novo olhar para a orientação educacional*. São Paulo: i9, 2005.

GODOY, Kathya Maria Ayres de. *Dançando na escola: o movimento da formação do professor de arte*. Tese (Doutorado em Educação) – Pontifícia Universidade Católica de São Paulo, São Paulo, 2003.

_____. O espaço da dança na escola. In: KERR, Dorotéa Machado (org.). *Pedagogia cidadã: caderno de formação: artes*. 2. ed. São Paulo: Páginas & Letras; Unesp, Pró-Reitoria de Graduação, 2007.

_____. "A dança, a criança e a escola: como estabelecer essa conversa?" In: TOMAZZONI, Airton; WOSNIAK, Cristiane; MARINHO, Nirvana (org.). *Algumas perguntas sobre dança e educação*. Joinville: Nova Letra, 2010.

_____. "A criança e a dança na educação infantil". In: KERR, Dorotea Machado (orgs.). *Caderno de formação: formação de professores: conteúdos e didática de artes*. v. 5. São Paulo: Cultura Acadêmica; Unesp, Pró-Reitoria de Graduação; Universidade Virtual do Estado de São Paulo, 2011, p. 20-28.

_____. *Movimento e cultura na escola: dança*. São Paulo: Instituto de Artes da Unesp, Pró-Reitoria de Graduação, 2010.

GODOY, Kathya Maria Ayres de *et al*. "Multiplicando olhares sobre a dança na escola: construção de saberes e experiências em um curso de formação continuada para professores". In: *Anais do II Congresso Nacional de Pesquisadores em Dança – Anda Comitê Dança em Mediações Educacionais*, jul. 2012. Disponível em: <http://www.portalanda.org.br/anaisarquivos/1-2012-14.pdf>. Acesso em: 10 dez. 2012.

GONÇALVES, Thaís. "Dança como linguagem artística: entre o referente e o devir". In: *Anais do IV Congresso de Pesquisa e Pós-Graduação em Artes Cênicas*. 2010. Disponível em: <http://www.portalabrace.org/vicongresso/pesquisadanca/Tha%EDs%%20Dan%E7a%20como%20linguagem%20art%EDstica%20-%20entre%20o%20referente%20devir.pdf>. Acesso em: 20 dez. 2012.

GUIMARÃES, Maria Cláudia Alves. "Rudolf Laban: uma vida dedicada ao movimento". In: MOMMENSOHN, Maria; PETRELLA, Paulo (orgs.). *Reflexões sobre Laban, o mestre do movimento*. São Paulo: Summus, 2006.

HASELBACH, Bárbara. *Dança, improvisação e movimento: expressão corporal na Educação Física*. Trad. Gabriela Elizabeth Annerl Silveira. Rio de Janeiro: Ao Livro Técnico, 1988.

HUIZINGA, Johan. *Homo Ludens: o jogo como elemento da cultura*. São Paulo: Perspectiva, 1993.

KISHIMOTO, Tizuko Morchida. "O jogo e a educação infantil". *Revista Perspectiva*, n. 22, Florianópolis, 2008, p. 105-128.

KUHLMANN JR., Moysés. *Infância e educação infantil: uma abordagem histórica*. Porto Alegre: Mediação, 1998.

LABAN, Rudolf. *Domínio do movimento*. 5. ed. São Paulo: Summus, 1978.

_____. *Dança educativa moderna*. São Paulo: Ícone, 1990.

LE BOULCH, Jean. *Educação psicomotora: a psicocinética na idade escolar*. 2. ed. Trad. Jeni Wolff. Porto Alegre: Artes Médicas, 1988.

LIBÂNEO, José Carlos. *Didática*. 28. ed. São Paulo: Cortez: 2008.

LIMA, Elaine Cristina Pereira. *Que dança faz dançar a criança? Investigando as possibilidades da dança-improvisação na educação infantil*. Dissertação (Mestrado em Educação Física) – Universidade Federal de Santa Catarina, Florianópolis, 2009.

LIMONGELLI, Ana Martha de Almeida. "A constituição da pessoa: dimensão motora". In: MAHONEY, Abigail Alvarenga; ALMEIDA, Laurinda Ramalho de (orgs.). *A constituição da pessoa na proposta de Henri Wallon*. São Paulo: Loyola, 2004.

LOBO, Leonora; NAVAS, Cassia. *Teatro do movimento: um método para o intérprete criador*. Brasília: LGE, 2003.

LUCKESI, Cipriano. "Desenvolvimento dos estados de consciência e ludicidade". In: LUCKESI, Cipriano (org.). *Ensaios de ludopedagogia n. 1*. Salvador: UFBA/Faced, 2005.

MAHONEY, Abigail Alvarenga; ALMEIDA, Laurinda Ramalho de (orgs.). *Henri Wallon: psicologia e educação*. 9. ed. São Paulo: Loyola, 2009.

MARQUES, Isabel de Azevedo. *Ensino de dança hoje, textos e contextos*. 2. ed. São Paulo: Cortez, 1999.

_____. *Apostila do curso "Rudolf Laban hoje"*. São Paulo: Caleidos Arte e Ensino, 2000.

_____. "Os jogos do corpo: do lúdico ao cênico". In: BEMVENUTTI, Alice. *O lúdico na prática pedagógica*. Curitiba: Ipex, 2009.

_____. *Linguagem da dança: arte e ensino*. São Paulo: Digitexto, 2010.

MARTINS, Janaina Trasel *et al*. "Improvisação em contato: poéticas do corpo". *Extensio: Revista Eletrônica de Extensão*, Florianópolis, 2010, p. 66-76.

MATTHES, Niulza Antonietti. "Olhar estético: o cultivo dos sentidos". In: GODOY, Kathya Maria Ayres de; ANTUNES, Rita de Cássia Franco de Souza (orgs.). *Movimento e cultura na escola: dança*. São Paulo: Instituto de Artes da Unesp, Pró-Reitoria de Graduação, 2010.

MATTOS, Mauro Gomes de; NEIRA, Marcos Garcia. *Educação Física Infantil: construindo o movimento na escola*. Guarulhos: Phorte Editora, 2004.

MICHAELIS. *Moderno dicionário da língua portuguesa*. São Paulo: Melhoramentos, 1998.

NASCIMENTO, Maria Evelyna Pompeu do. "Os profissionais da educação infantil e a nova Lei de Diretrizes e Bases da Educação Nacional". In: FARIA, Ana Lúcia Goulart de; PALHARES, Marina Silveira. *Educação infantil pós LDB: rumos e desafios*. 6. ed. Campinas: Autores Associados, 2007.

NEDER, Fernando. *Contato improvisação: origens, influências e evolução. Gens, fluências e tons*. Monografia (Conclusão de curso da disciplina Evolução da Dança) – Unirio-CLA, Rio de Janeiro, 2005.

NUNES, Nadir Neves. "O ingresso na pré-escola: uma leitura psicogenética". In: OLIVEIRA, Zilma de M. Ramos de (org.). *A criança e seu desenvolvimento: perspectivas para se discutir a educação infantil*. 4. ed. São Paulo: Cortez, 2000.

OLIVEIRA, Zilma de M. Ramos de. *Educação infantil: fundamentos e métodos*. 6. ed. São Paulo: Cortez, 2010.

PALHARES, Marina Silveira; MARTINEZ, Cláudia Maria Simões. "A educação infantil: uma questão para o debate". In: FARIA, Ana Lúcia Goulart de; PA-

LHARES, Marina Silveira. *Educação infantil pós LDB: rumos e desafios.* 6. ed. Campinas: Autores Associados, 2007.
PEDROSA, Maria Isabel. "A imitação como um processo de construção de significados compartilhados". *Temas em Psicologia* [on-line], v. 2, n. 2, 1994, p. 111-21. Disponível em: <http://pepsic.bvsalud.org/pdf/tp/v2n2/v2n2a12.pdf>. Acesso em: 30 abr. 2013.
PETRELLA, Paulo. Prefácio. In: MOMMENSOHN, Maria; PETRELLA, Paulo (orgs.). *Reflexões sobre Laban, o mestre do movimento.* São Paulo: Summus, 2006.
PLACCO, Vera Maria Nigro de Souza. "Apresentação". In: MAHONEY, Abigail Alvarenga; ALMEIDA, Laurinda Ramalho de (orgs.). *Henri Wallon: psicologia e educação.* 9. ed. São Paulo: Loyola, 2009.
RAU, Maria Cristina Trois Dorneles. *O lúdico na prática pedagógica do professor de educação infantil e anos iniciais do ensino fundamental: concepções e práticas.* Dissertação (Mestrado em Educação) – PUC-PR, Curitiba, 2006.
RENGEL, Lenira Peral. *Dicionário Laban.* 2. ed. São Paulo: Annablume, 2005.
_____. *Os temas de movimento de Rudolf Laban: modos de aplicação e referências I, II, III, IV, V, VI, VII e VIII.* São Paulo: Annablume, 2008.
SÃO PAULO. Secretaria Municipal de Educação. *Orientações curriculares: expectativas de aprendizagem e orientações didáticas para a Educação Infantil.* São Paulo: SME/DOT, 2007.
SARAIVA-KUNZ, Maria do Carmo. "Ensinando dança através da improvisação". *Revista Motrivivência: UFSC*, n. 5, 6, 7, dez. 1994, p. 166-69.
SCHÖN, Donald A. "Formar professores como profissionais reflexivos". In: NÓVOA, António. *Os professores e a sua formação.* Lisboa: Dom Quixote, 1992.
SGARBI, Fernanda. *Entrando na dança: reflexos de um curso de formação continuada para professores de educação infantil.* Dissertação (Mestrado em Artes) – Instituto de Artes da Universidade Estadual Paulista, São Paulo, 2009.
SGARBI, Fernanda; JESUS, Natasha Curuci de. "Jogo teatral e dança". In: GODOY, Kathya Maria Ayres de; ANTUNES, Rita de Cássia Franco de Souza (orgs.). *Dança criança na vida real.* São Paulo: Instituto de Artes da Unesp, Pró-Reitoria de Graduação, 2008.
SIQUEIRA, Denise da Costa Oliveira. *Corpo, comunicação e cultura: a dança contemporânea em cena.* Campinas: Autores Associados, 2006.
SILVA, Dener Luiz da. "Do gesto ao símbolo: a teoria de Henri Wallon sobre a formação simbólica". *Revista Educar*, n. 30, Curitiba, 2007, p. 145-63.
SOUZA, Eustáquia Salvadora de; ALTMANN, Helena. "Meninos e meninas: expectativas corporais e implicações na educação física escolar". *Cadernos Cedes*, n. 48, 1999.

STOKOE, Patrícia; HARF, Ruth. *Expressão corporal na pré-escola*. São Paulo: Summus, 1987.

VIEIRA, Alba Pedreira. "Ampliando a acessibilidade à arte, dança e cultura em escolas públicas mineiras". *Anais do Enecult*, 2011. Disponível em: <http://www.cult.ufba.br/wordpress/24743.pdf>. Acesso em: 15 nov. 2012.

VIEIRA, Alba Pedreira; TEIXEIRA, Letícia Oliveira; TEIXEIRA, Guilherme Fraga. "Ludicidade e dança: 'improvisando' expressões artísticas na educação infantil". *Partes de Relatórios de Pesquisa em Interface com Extensão*. Viçosa: UFV, 2010.

VIEIRA, Alba Pedreira et al. "Dança na educação infantil: desvelando a arte e a ludicidade no corpo". *Conexão UEPG*, v. 7, n. 2. Ponta Grossa: Editora UEPG, Pró-Reitoria de Extensão e Assuntos Culturais, Divisão de Extensão Universitária, 2011, p. 174-83.

VIEIRA, Alba Pedreira et al. "Qualificando mostras de dança com crianças: processos colaborativos, apreciação ao vivo e de registros em vídeos". Seminário Internacional Descobrir a Dança /Descobrindo através da Dança e 1º Encontro Nacional da DaCi/Portugal. *Anais...* Lisboa: SIDD, 2012.

WALLON, Henri. *A evolução psicológica da criança*. Trad. Cláudia Berliner. São Paulo: Martins Fontes, 2007. [Publicada originalmente em 1941.]

_____. *Psicologia e educação da infância*. Trad. Ana Rabaça. São Paulo: Estampa, 1975.

WILLIAMS, Antony. *Temas proibidos: ações estratégicas para grupo*. São Paulo: Ágora, 1998.

www.gruposummus.com.br

IMPRESSO NA
sumago gráfica editorial ltda
rua itauna, 789   vila maria
02111-031   são paulo   sp
tel e fax 11 **2955 5636**
sumago@sumago.com.br

G R Á F I C A
sumago